존리의
부자
되기
습관

30만부 화제의 베스트셀러

YOU CAN
DO IT!

존리의
부자
되기
습관

존 리 지음

개정증보판

존리의 부자되기 습관
과거 5년의 변화 그리고 미래의 5년

EDEN
HOUSE

『존리의 부자되기 습관 개정증보판』을 출판하며

『존리의 부자되기 습관』을 출판한 지 벌써 6년이 흘렀습니다. 많은 분들의 관심과 사랑 덕분에 이 책은 금융 관련 서적 중 베스트셀러가 되었습니다.

저는 2013년 미국에서 귀국해 메리츠자산운용에서 근무하며 수많은 분들을 만나 뵈었고, 그분들의 경제독립을 돕기 위해 최선을 다했습니다. 그러나 2022년 여름, 개인적으로 큰 시련을 겪었습니다. 의도를 알 수 없는 연속적인 기사들로 인해 결국 회사에서 쫓겨날 수밖에 없었습니다. 방송과 언론에서 배제되면서 금융교육 활동도 중단하게 되었습니다. 미국과는 너무나 다른 한국의 언론 환경 속에서 받은 상처는 컸지만, 시간이 지나면서 저는 다시 일어나기로 결심했습니다.

이제 3년의 시간이 흐른 지금, 저는 다시 한번 저의 여정을 시작합니다. 이번에는 메리츠자산운용의 고객들만이 아니라, 대한민국의 모든 분들을 위한 경제독립 운동을 펼치고자 합니다. 특히 어린 학생들이 부자로 성장할 수 있도록 돕고 싶습니다. 부모님 세대도 마찬가지입니다. '금융은 어렵다'는 두려움 대신, '행복한 삶은 누구에게나 가능하다'는 희망을 심어드리고 싶습니다.

저는 믿습니다. 한 사람, 한 사람이 경제적 자유를 얻으면 그 가족이 함께 부자가 되고, 결국 대한민국 전체가 금융 경쟁력을 갖추게 됩니다. 금융 경쟁력이 높아지면 우리의 미래는 더욱 밝아질 것입니다. 경제적 자유를 얻은 사람들이 늘어날수록 출산율 또한 자연스럽게 오를 것이고, 한국은 지금의 불행한 흐름에서 벗어나 다시 희망의 길을 걸어갈 수 있습니다.

이번 개정증보판은 단순한 책이 아니라, 대한민국의 미래를 위한 작은 불씨가 되기를 바랍니다. 이 책을 읽는 모든 분들이 자신의 삶에서 경제적 자유를 향한 용기 있는 첫걸음을 내딛기를 진심으로 소망합니다.

지금 한국에 가장 절실하게 필요한 것은 금융교육과 창업정신입니다.

저는 금융교육을 실천하기 위해 '존리의 부자학교'를 설립했습니다. 그 장소는 특별합니다. 바로 자산운용사로서는 대한민국 최초의 지점이었던, 과거 메리츠자산운용의 오금역 지점 자리입니다. 전국에서 수많은 분들이 경제독립과 노후준비를 위해 찾아오셨던

곳이기에, 금융교육의 요람으로 다시 태어나기에 최적의 공간이라 생각했습니다.

3년 전에도 지방에서 많은 분들이 일부러 이곳까지 찾아와 제 강연을 들으셨습니다. 그래서 이 공간은 저에게 더욱 친근하고 소중합니다. 지금은 사교육에만 매달리는 학생들과 부모님들을 설득해 '부자로 만드는 교육'을 시작하고 있습니다.

그동안 저는 개인 유튜브와 방송을 통해 꾸준히 주식투자의 필요성을 강조해왔습니다. 그 결과인지, 이제는 주식투자를 도박으로만 보는 사람들의 수는 많이 줄어든 것 같습니다. 지하철이나 버스에서 저를 알아보고 다가와 "덕분에 노후준비를 할 수 있었다", "삶이 바뀌었다"고 감사 인사를 전해주시는 분들을 자주 만납니다. 저 역시 그런 이야기를 들을 때마다 더할 나위 없는 기쁨과 감사함을 느낍니다. 사람들의 생각이 조금이라도 긍정적으로 변하는 데 도움이 되었다는 사실만으로도 큰 보람이 됩니다.

그러나 여전히 많은 분들이 잘못된 투자 습관을 가지고 있다는 것을 발견했습니다. 이것이 제가 『존리의 부자되기 습관』의 개정증보판을 내야겠다고 결심한 이유입니다. 이번 책에는 주식투자에 관한 저의 생각을 더욱 구체적으로 담았습니다.

저는 그동안 2,500회가 넘는 강연을 통해 전국 곳곳에서 수많은 분들을 만났습니다. 그 과정에서 다양한 사연을 들었습니다. 대부분은 노후준비를 미루다가 뒤늦게 후회하는 분들이었습니다. 반면, 일찍이 준비의 중요성을 깨닫고 실천한 분들은 "미래에 대한 희망을 갖게 되었다"며 감사 인사를 전하곤 했습니다. 이번 책에는 그분들의 생생한 이야기도 함께 담아, 독자들에게 더욱 실질적인 울림을 주고자 합니다.

어느 날, 한 청년이 저를 찾아왔습니다. 그는 자신을 4년 전 북한에서 탈출해 남한에 정착한 탈북자라고 소개했습니다. 처음 만난 자리에서 그는 눈시울을 붉히며 이렇게 말했습니다.

"대표님께 너무 감사해서, 직접 찾아와 인사드리고 싶었습니다."

공산주의 사회에서 태어나 자본주의를 경험해본 적이 없던 그는, 남한에 와서도 막막하기만 했다고 합니다. 어떻게 살아야 할지, 무엇을 해야 할지 갈피를 잡지 못하던 시절, 우연히 제 강연에서 들은 한마디가 그의 인생을 바꾸었다고 합니다.

"돈이 나를 위해 일하게 해야 한다."

그 순간 정신이 번쩍 들었다는 그는, 처음으로 '주식'이라는 개념을 알게 되었고 곧바로 실천에 나섰습니다. 자기 수입의 90% 이상을 주식에 투자하기 시작한 것입니다.

처음에는 두렵기도 했지만, 투자의 원리를 이해하고 나자 오히려 즐거움을 느낄 수 있었다고 합니다. 그리고 무엇보다 미래에 대한 희망을 품게 되었다고 고백했습니다. 그렇게 4년을 꾸준히 투자한 결과, 그의 자산은 어느새 수억 원 규모로 불어나 있었습니다.

그 청년의 눈빛은 더 이상 두려움이 아닌, 확신과 희망으로 가득 차 있었습니다. 저는 그 자리에서 다시 한번 확신했습니다. 금융교육은 단순한 지식 전달이 아니라, 한 사람의 인생을 바꾸는 힘이라는 것을.

대구에 거주하는 한 가족의 사연은 매우 안타깝습니다. 두 딸을 둔 아버님은 고위 공무원으로 근무하며 성실히 살아오셨습니다. 수입이 넉넉하지는 않았지만, 자녀들에게만큼은 더 큰 기회를 주고 싶어 10년 전 두 딸을 조기유학 보내셨습니다. 그 비용은 매년 약 2억 원, 10년 동안 무려 20억 원에 달했습니다.

문제는 그 대가였습니다. 은퇴가 얼마 남지 않았음에도 아버님의 노후준비는 전혀 되어 있지 않았습니다. 두 딸도 유학을 마치고 돌아왔지만, 기대와 달리 안정적이고 충분한 수입을 얻지는 못했습니다. 결국 가족 모두가 미래에 대한 계획을 세우지 못한 채, 뒤늦은 후회를 하게 된 것입니다.

만약 그 막대한 유학 자금을 자녀와 부모 모두의 경제적 독립을 위한 투자 자금으로 활용했다면 어땠을까요? 지금쯤 아버님은 든든한 노후자산을 확보하고 있었을 것이고, 두 딸 역시 자본의 힘을 이해하며 더 큰 기회를 가질 수 있었을 것입니다.

이 사례는 우리에게 중요한 교훈을 줍니다. 사랑하는 자녀를 위해서라도 부모의 노후준비가 먼저라는 사실입니다. 부모가 경제적으로 독립해야만 자녀에게 진정한 자유와 기회를 줄 수 있기 때문입니다.

어느 날, 연세가 80세는 훌쩍 넘어 보이는 한 어르신이 저를 찾아오셨습니다. 그분은 한때 고위 공직자로 나라를 위해 헌신하셨고, 은퇴한 지도 벌써 20년이 넘었다고 하셨습니다.

어르신은 아주 가난하고 낙후된 시골 마을에서 태어났습니다. 그러나 어려운 형편 속에서도 학업을 포기하지 않고 누구보다 열심히 공부하셨습니다. 결국 마을에서 유일하게 서울에 있는 명문 대학을 졸업했고, 고시에 합격했을 때는 부모님이 온 동네를 돌며 자랑할 정도로 기뻐하셨다고 합니다.

그런데 안타까운 사실은, 그렇게 열심히 살아온 분조차 돈에 대한 교육을 한 번도 받지 못했다는 점입니다. 금융지식의 부재는 결국 그의 노후를 무겁게 짓눌렀습니다. 지금은 생활이 매우 힘들다고, 그래서 더욱 금융교육이 절실하다는 말씀을 전하셨습니다. 그리고 제게 이렇게 덧붙이셨습니다.

"이런 교육을 좀 더 일찍 받았다면 내 삶이 달라졌을 텐데…."

그분의 후회 어린 고백은 우리 모두에게 중요한 메시지를 던집니다. 아무리 성실히 공부하고 훌륭한 직업을 얻었다 해도, 돈에 대한 올바른 이해와 준비가 없다면 노후의 자유는 보장되지 않는다는 사실입니다.

저에게 잊지 못할 강렬한 기억을 남긴 가족이 있습니다. 온 가족의 경제독립을 위해 파주 영어마을에서 열린 패밀리 캠프에서 그들을 만났습니다.

저는 늘 말합니다. 온 가족이 돈으로부터 자유로워지기 위해서는 가족 구성원 모두가 돈에 대한 철학을 공유해야 한다고. 그렇지 않으면 가족 간의 갈등이 깊어지고, 심지어 관계가 무너질 수도 있기 때문입니다.

이 가족은 아들과 딸을 둔 평범한 부부였습니다. 캠프를 신청한 사람은 아버님이셨습니다. 그는 자녀들의 사교육비에 너무 많은 돈이 쓰이는 현실이 안타까웠습니다. 그러나 아내를 설득하는 일이 너무 어려워, 결국 가족이 함께 참가할 수 있는 이 프로그램을 찾게 되었다고 했습니다.

사실 이 이야기는 한국 어디에서나 흔히 들을 수 있습니다. 부모들은 자녀를 위해 기꺼이 사교육비를 지불하지만, 그 과정에서 온 가족의 경제독립은 크게 훼손됩니다. 만약 그 돈을 사교육이 아니라 자녀들을 위한 장기투자 자금으로 사용한다면, 아이들과 부모 모두 미래에 훨씬 더 풍요로운 삶을 누릴 수 있을 것입니다.

캠프 마지막 날, 이 부부는 결단을 내렸습니다. 더 이상 무분별하게 사교육비를 지출하지 않겠다는 것이었습니다. 그 순간 어머님의 눈에는 눈물이 맺혔습니다. 단순히 사교육을 줄이겠다는 결심 때문이 아니었습니다. 가족이 함께 경제적 독립을 이룰 수 있다는 희망이 처음으로 보였기 때문입니다.

고등학생 두 딸과 초등학생 아들을 둔 한 부모님의 이야기도 비슷한 사례입니다.

이 부모님은 매달 빠져나가는 사교육비를 바라보며 깊은 고민에 빠졌습니다. 과연 이 돈이 진정으로 아이들의 미래를 위해 쓰이는 것일까? 결국 두 분은 큰 결심을 했습니다. 그 돈을 아이들의 미래를 위한 투자로 돌리기로 한 것입니다.

학교 담임선생님께 아이들이 더 이상 학원을 다니지 않게 되었다고 말씀드리자, 선생님은 "공부는 학원에서 배워야 한다"고 권했다고 합니다. 그러나 부모님은 고심 끝에 더 중대한 결정을 내렸습니다. 아이들을 학교에서 아예 빼내어, 집에서 직접 교육하는 길을 선택한 것입니다.

놀라운 변화가 찾아왔습니다. 아이들은 오히려 훨씬 더 행복해졌습니다. 억지로 학원과 숙제를 따라가며 지쳐 있던 얼굴 대신, 스스로 배워가는 기쁨이 자리 잡았습니다. 부모 역시 경제적으로 훨씬 여유로워졌습니다. 사교육비로 새어나가던 거대한 비용이 사라지자, 그 돈이 고스란히 가족의 경제적 독립을 위한 자산이 되었기 때문입니다.

미국에서는 부모가 직접 자녀를 가르치는 홈스쿨링이 자연스럽습니다. 아이들의 행복과 자율성을 존중하고, 무엇보다 가족의 경제적 독립이 더 중요하다고 믿기 때문입니다. 이 가족은 바로 그 철학을 한국에서 실천한 사례였습니다.

이 이야기는 우리에게 묻습니다. 과연 우리는 아이들의 행복을 위해, 또 가족의 경제적 독립을 위해 어떤 선택을 하고 있는가?

시각장애인협회에서 강연 요청을 받은 적이 있습니다. 회원들의 노후준비가 너무나 절실하다며 도움을 청하셨습니다. 저는 강연에서 늘 그렇듯이, 노후준비는 하루라도 빨리 시작해야 한다고 강조했습니다. 적은 돈이라도 낭비하지 말고, 반드시 그 돈으로 투자하라고 말씀드렸습니다.

그날 강연에서 특히 기억에 남는 두 사람이 있습니다.

아주 고운 얼굴의 20대 시각장애인 여성, 그리고 그녀의 곁을 지키던 남자친구였습니다. 남자친구는 시각장애가 없었지만, 그녀를 따뜻하게 배려하는 모습이 인상 깊었습니다.

제가 "가능하다면 여행에 쓰는 비용을 줄이고 그 돈을 투자하라"고 조언하자, 그 여성은 조심스럽게 손을 들어 질문했습니다.

"저는 아직 시력이 조금 남아 있습니다. 하지만 시간이 지나면 결국 시력을 완전히 잃게 될 거라고 합니다. 그렇다면 제가 지금 눈으로 볼 수 있을 때, 가능한 한 많은 여행을 다니며 세상을 눈에 담는 것이 낫지 않을까요?”

그 순간 저는 아무 말도 할 수 없었습니다. 어떻게 답해야 할지 몰라 가슴이 먹먹해졌습니다. 금융 강연자로서 ‘투자가 우선이다’라고 말하고 싶었지만, 한 인간으로서 그녀의 절실한 바람 앞에서는 도리어 눈시울이 뜨거워질 수밖에 없었습니다.

지금도 그 젊은 여성이 어떻게 지내고 있을지 자주 떠올리곤 합니다. 그날 저는 깨달았습니다. 내가 사람들을 돕고 있다고 생각했지만, 사실은 많은 분들이 오히려 제게 힘이 되고 있었다는 것을요.

얼마 전 뉴욕에 사는 한 젊은이로부터 이메일을 받았습니다.

그는 안정된 직장을 다니고 있었지만, 늘 이렇게 생각했다고 합니다.

‘월급에 비해 물가가 너무 비싸다. 이렇게는 노후준비를 절대 할 수 없을 것이다.’

그런데 이느 날, 제 강연 영상을 유튜브를 통해 보게 되었다고 했습니다. 그 강연에서 제가 말한 한마디가 그의 마음을 움직였습니다.

“소비하기 전에 무조건 월급의 10%를 투자하라.”

그는 바로 실천에 나섰습니다. 미국의 대표적인 노후준비 제도인 401(k)를 통해, 매달 월급의 10%를 먼저 투자하기 시작했습니다.

처음에는 작게 느껴졌던 돈이었지만, 시간이 흐르자 놀라운 변화가 찾아왔습니다.

지금 그는 이렇게 말합니다.

"모으는 게 불가능해 보였던 제 노후자금이 벌써 3억 원을 넘어섰습니다. 복리의 마법이 무엇인지 이제야 제대로 알게 되었습니다."

작은 결심과 습관 하나가, 한 사람의 미래를 완전히 바꿔놓은 것입니다.

얼마 전 첫돌을 맞이한 어린 딸을 둔 젊은 부부의 이야기는 매우 인상적입니다.

이 부부는 아이의 경제적 독립에 깊고 남다른 관심을 갖고 있었습니다. 특히 주식투자에 대해 긍정적이었고, 그 마음을 아이의 이름에까지 담았습니다. 딸의 이름을 '주주'라고 지은 것입니다.

이 부부는 아이가 태어나자마자 과감한 선택을 했습니다. 산모는 산후조리원에 들어가는 대신 그 비용을 딸의 주식계좌에 넣어주었습니다. 또, 새 유모차를 사는 대신 중고 유모차를 구입했고, 절약한 차액 역시 아이의 계좌에 투자했습니다. 정부에서 나오는 양육 보조금 또한 모두 빠짐없이 아이의 주식계좌로 들어갔습니다.

그 결과, 주주가 첫돌을 맞이할 때 아이의 재산은 이미 4,000만 원이 넘게 쌓여 있었습니다.

이 이야기는 우리에게 중요한 교훈을 줍니다.

아이에게 물질적인 소비를 쏟아붓는 대신, 미래를 위한 자본을 심어주는 것이야말로 진짜 사랑이라는 것입니다. 작은 선택 하나, 작은 습관 하나가 아이의 평생을 바꿀 수 있습니다.

어느 날, 한 수녀님으로부터 연락을 받았습니다. 그분은 한 입양 기관에서 아이들을 돌보고 계셨습니다. 입양된 아이들은 새로운 부모님 품에서 자라지만, 끝내 입양되지 못한 아이들은 누구의 도움도 받지 못한 채 남겨진다는 사실이 늘 마음에 걸린다고 하셨습니다. 그래서 저를 찾아와 이렇게 말씀하셨습니다.

"이 아이들의 미래를 위해 주식을 사주고 싶습니다."

저는 그 뜻이 너무나 소중하다고 생각했습니다. 하지만 곧 현실적인 장애물이 있음을 알게 되었습니다. 미성년자의 계좌를 개설하려면 부모의 동의가 필요하다는 것이었습니다. 더 마음 아팠던 것은, 나중에 아이들이 성인이 되었을 때 혹시 생부모가 나타나 그 계좌를 빼앗아 갈 수도 있다는 사실이었습니다.

그럼에도 불구하고 우리는 포기하지 않았습니다. 직원들과 함께 방법을 찾아 결국 아이들을 위한 투자금을 모을 수 있는 길을 열었습니다. 매월 일정 금액이 꾸준히 적립되었고, 후원에 참여하는 분들의 수는 점점 늘어났습니다. 저를 포함해 회사 직원들까지 자발적으로 동참하기 시작했습니다.

그렇게 쌓인 돈은 단순한 금전적 지원을 넘어, 아이들에게 '너희에게도 미래가 있다'는 희망의 메시지가 되었습니다.

이후 제가 메리츠자산운용에서 나오게 되면서 그 기금이 어떻게 운용되고 있는지 직접 확인할 수 없게 되었지만, 지금도 그 아이들을 위한 씨앗이 잘 자라나고 있기를 간절히 바랍니다.

최근에 한 아버님이 초등학교 6학년에 다니는 딸과 함께 존리의 부자학교를 찾아오셨습니다.

그분은 이렇게 말씀하셨습니다.

"대표님 책을 아이가 초등학교 4학년 때 읽게 되었습니다. 그 책을 통해 사교육비가 얼마나 아까운 돈인지 깨달았습니다. 그래서 과감히 사교육비를 줄이고, 그 돈을 전부 주식에 투자하기 시작했습니다."

그 후 2년 남짓한 시간이 흘렀습니다. 놀랍게도 그 돈은 이미 1억 원을 넘어섰다고 했습니다. 그리고 아버님은 감격스러운 표정으로 이렇게 덧붙였습니다.

"저희 가족이 이렇게 변할 수 있었다면, 다른 사람들도 반드시 할 수 있습니다. 이 사실을 많은 분들과 나누고 싶습니다."

그분의 고백은 단순히 한 가정의 이야기가 아니라, 누구나 경제적 자유를 향해 나아갈 수 있다는 확실한 증거였습니다. 작은 결심 하나가 아이와 가족의 미래를 완전히 바꿀 수 있다는 것을 보여주는 살아있는 사례였습니다.

　매일 강연과 상담을 통해 만나는 사람들의 사연은 참으로 다양합니다. 그러나 안타까운 사실은, 여전히 노후준비를 하고 있는 사람보다 그렇지 않은 사람이 훨씬 더 많다는 점입니다.

　최근 새 정부가 출범하면서 대통령이 증권거래소를 방문해 "KOSPI 5000 시대를 열겠다"고 선언했습니다. 또, 부동산에 지나치게 치우친 국민들의 자산을 주식투자를 통해 균형 있게 바로잡겠다는 뜻도 밝혔습니다.

　저는 이 메시지가 단순한 구호로 끝나지 않고, 국민들의 인식 변화를 이끌어내는 계기가 되기를 진심으로 바랍니다. 아직도 주식투자를 도박으로 오해하는 사람들이 많습니다. 그러나 주식투자는 단순히 돈을 벌기 위한 수단이 아닙니다. 우리 모두의 노후를 지키고 대한민국 경제를 성장시키는 가장 중요한 길입니다.

　국민 한 사람, 한 사람이 올바른 금융교육을 받고, 편견을 벗어나 주식투자의 본질을 이해하게 될 때, 비로소 한국은 진정한 경제 선진국으로 나아갈 수 있을 것입니다.

　『존리의 부자되기 습관』 출간 후 6년간 이 책을 읽고 투자를 시작하신 수많은 분들이 저를 찾아와 "미래에 대한 희망을 갖게 되었다"고 말씀해주셨습니다. 그 진심 어린 고백을 들을 때마다 제

가슴은 벅차오릅니다.

아직도 투자가 두려워 망설이는 분들이 많습니다. 그러나 저는 확신합니다. 작은 용기와 한 걸음의 실천이 여러분의 인생을 바꿀 수 있습니다. 저는 그분들께 다시 한번 말씀드리고 싶습니다. "투자는 결코 두려움의 대상이 아니라, 희망을 현실로 만드는 가장 강력한 도구입니다."

5~6년 전에 제 말을 신뢰하여 라이프스타일을 바꾸고 새로운 희망을 갖게 된 분들이 저에게 고마움을 표시합니다. 이 책을 다시 쓰게 된 이유는 5년 후에 더욱 많은 사람들이 희망을 느끼게 되기를 바랐기 때문입니다. 그 마음으로 시작했습니다.

보다 많은 한국인이 단순한 노후준비를 넘어, 진정한 경제적 자유를 누리고 부자가 되기를 진심으로 기원합니다.

이 책이 여러분의 경제독립 여정에 작은 길잡이가 되기를 바랍니다.

존리

존리의 부자학교 대표

2026년 1월

어려운 시간을 아무런 불평을 표하지 않고 믿어준 아내에게 감사합니다.

아내의 헌신적인 도움이 없었다면 험한 시련을 극복하기 힘들었을 것입니다.

이 책을 아내에게 바칩니다.

한국에 와서 금융교육의 중요성을 강조했지만 한 자산운용사의 CEO로서는 한계가 있을 수밖에 없었습니다. 메리츠자산운용사에서는 물러났지만, 금융교육에 전념하게 되어서 오히려 홀가분해졌습니다.

어린아이들부터 연세가 드신 분들까지 많은 사람들을 만나면서 투자의 즐거움을 나눌 수 있는 기쁨은 아무나 느낄 수 없는 영광입니다. 대한민국 최초의 주식투자 교육을 하는 장소로 기억되기를 바랍니다. 또한 존리의 부자학교를 통해 보다 많은 사람들이 경제독립을 이루고 금융 전문가들이 양성될 수 있다면 더 이상 바랄 것이 없을 것 같습니다.

서울뿐만 아니라 지방 곳곳에 존리의 부자학교가 개설되는 꿈을 꾸어봅니다.

차례

0장

왜 지금 한국 주식에 투자해야 하는가?

부자가 되지 못하는 이유

돈을 위해 일하지 말고
반드시 돈이 당신을 위해 일하게 하라

3장

경제독립을 위한 여정 10단계
(10 Steps to Financial Freedom)

0장 ————————————————————————

YOU CAN

왜 지금
한국 주식에
투자해야 하는가?

DO IT!

주가지수 5000을 바라보며:
K-Capitalism

우리 사회는 여전히 점수 경쟁에 매여 있다. 그러나 진정한 인재는 시험 점수로 길러지지 않는다. 남들이 이미 걸어온 길을 따라가는 것이 아니라, 아무도 가보지 않은 길을 찾아내는 용기에서 나온다. 젊은이들이 창업에 주저하는 이유도 여기에 있다. 다양성을 존중하지 않는 교육, 금융을 가르치지 않는 교육 속에서 혁신적인 기업이 나오기 어렵다.

이제는 국영수 중심의 교육에서 벗어나야 한다. 다양성과 금융 교육이 반드시 필요하다. 그래야 새로운 아이디어가 나오고, 창의적인 기업이 탄생한다. 그것이 곧 국가 경쟁력이다.

새로운 정부는 '주가지수 5000'을 공약으로 내걸었다. 나는 이 목표가 충분히 가능하다고 생각한다. 그러나 잊지 말아야 할 사실이 있다. 주가지수가 5000이 된다고 해서 모든 국민이 부자가 되는 것은 아니다. 주식을 꾸준히 모아온 사람은 더 큰 부를 얻게 되지만, 그렇지 못한 사람은 상대적으로 더 큰 빈곤을 체감하게 될 것이다.

1975년 미국은 과감하게 퇴직연금제도의 개혁을 단행했다. 오랫동안 투자할 수 있는 양질의 자금은 퇴직연금을 통해 미국 경제의 틀을 재건했다. 401(k)라고 불리는 DC형 퇴직연금이 주식시장에 투자 자금으로 들어오면서 구글이나 애플 같은 혁신적인 기업들이 탄생할 수 있었다. 그 결과 미국의 경쟁력은 다시 살아날 수 있었고 국민들의 노후는 훨씬 더 윤택해질 수 있었다.

엄청난 규모의 자산운용사들이 탄생한 것은 퇴직연금제도의 산물이다. 미국의 금융 경쟁력은 다른 나라에 비해 압도적이다. 금융 산업의 중요성을 깨달아야 하는 이유는 너무나 자명하다.

따라서 주가지수 5000은 단순한 숫자의 문제가 아니다. 모든 국민이 한국 주식을 꾸준히 모으는 문화를 만드는 일이 필요하다. 외국인 투자자들이 기꺼이 한국 주식을 사도록 환경을 조성하는 일도 중요하다. 그 핵심은 기업 지배구조의 변화다.

기업의 경영진과 이사회는 대주주가 아니라 모든 주주의 이익을 극대화해야 한다. 너무나 당연한 일이지만 한국에서는 지켜지

지 않은 것도 사실이다. 지금까지의 잘못된 관행에는 반드시 변화
가 필요하며, 개인투자자들도 스스로 권리를 지킬 수 있어야 한다.

전 세계 자산운용사 규모

Rank	Fund	Market	Total Assets (US$)
1.	BlackRock	U.S.	$11,551,251
2.	Vanguard Group	U.S.	$10,105,443
3.	Fidelity Investments	U.S.	$5,520,234
4.	State Street Inv. Mgmt	U.S.	$4,715,442
5.	J.P. Morgan Chase	U.S.	$4,045,000
6.	Goldman Sachs Group	U.S.	$3,137,000
7.	UBS	Switzerland	$2,860,700
8.	Capital Group	U.S.	$2,842,451
9.	Allianz Group	Germany	$2,549,739
10.	Amundi	France	$2,319,589
11.	BNY Investments	U.S.	$2,029,054
12.	Invesco	U.S.	$1,845,995
13.	Northern Trust	U.S.	$1,610,400
14.	T Rowe Price Group	U.S.	$1,606,600
15.	Morgan Stanley Inv. Mgmt	U.S.	$1,577,807
16.	Franklin Templeton	U.S.	$1,575,734
17.	Geode Capital Mgmt	U.S.	$1,529,507
18.	Prudential Financial	U.S.	$1,512,483
19.	BNP Paribas	France	$1,434,124
20.	Legal and General Group	UK	$1,404,364

Fig.1: Top 20 largest global asset managers, by assets under Management (US S millions).

미국은 집단소송 등 주주들이 행사할 수 있는 강력한 법을 통해 이를 가능하게 하고, 일본은 30년 정체 끝에 기업 지배구조를 바꾸면서 외국 자본을 불러들이는 데 성공했다. 그 결과 워런 버핏 Warren Buffett을 비롯한 세계 자본이 일본 증시로 몰려왔고, 오랜 침체 끝에 활력을 되찾았다.

한국도 마찬가지다. 외국 자본에 대한 편견이나 '국부 유출'이라는 낡은 논리에 머물러서는 안 된다. 외국 자본이 한국에서 돈을 벌어가는 것은 오히려 더 많은 자본이 다시 들어오는 출발점이다. 열린 태도와 제도 개선이 한국 경제를 한 단계 더 도약시킬 것이다.

주가지수 5000은 단순한 꿈이 아니다.

제도가 변하고, 문화가 변하고, 국민이 함께 준비할 때, 대한민국의 금융 경쟁력은 엄청나게 강해질 것이다.

한국이
세계에서 두 번째 강대국이 된다면

골드만삭스는 한국이 세계에서 두 번째로 강한 국가가 될 수 있다고 전망했다. 정말 가능할까? 현실이 될지 아무도 알 수 없다. 그러나 생각만 해도 기분 좋은 이야기다.

그 전망에는 중요한 전제가 있다. 바로 한반도의 통일이다. '통일이 된다면…'이라는 것이다. 통일이 아니더라도 남북 간의 경제협력이 필요하다.

한국이 진정한 경제대국이 되려면 북한과의 관계 개선이 필수적이다. 통일이 당장은 어렵더라도, 최소한 불필요한 국력 낭비는 멈춰야 한다. 우리는 후손들에게 평화로운 한반도를 물려주어야 한다.

경제적으로도 남북협력이 가져올 시너지는 엄청나다. 상상해보라. 부산에서 출발한 기차가 평양을 지나 베이징과 모스크바를 거쳐 파리까지 달리는 모습을.

나는 과거 코리아펀드를 마케팅하면서 전 세계 투자자들에게 이 가능성을 여러 차례 강조했다. 당시만 해도 한국의 미래를 의심하는 사람은 거의 없었다. 모두가 한국의 잠재력을 높이 평가했다.

그러나 지금은 어떤가. 개성공단이 문을 닫는 모습을 보며 나는 깊이 낙담했다. 다시 그 길을 열어야 한다. 남북 경제협력은 선택이 아니다. 우리 미래를 위한 필수 조건이다.

한국이 세계에서 두 번째 강대국이 된다는 꿈. 그것은 결코 허황된 공상이 아니다. 평화와 협력이 이어진다면, 그 길은 반드시 열릴 것이다.

상법 개정의
의미

‘상법’이라는 말을 들으면 많은 사람들이 어렵게 느낀다. 법조인이나 학자들만 다루는 주제 같지만, 사실 상법은 우리 모두의 삶과 직결되어 있다. 상법은 기업이 어떻게 운영되고, 주주의 권리가 어떻게 보장되는지를 정하는 기본 규칙이기 때문이다.

우리 사회에는 오랫동안 ‘코리아 디스카운트’라는 말이 있었다. 기업의 가치가 본래보다 낮게 평가되는 현상이다. 이유는 단순하다. 주주의 권익이 제대로 보호되지 않았기 때문이다. 대주주의 이익은 철저히 챙겨주면서, 소액주주의 권리는 무시하는 일이 많았다. 그 결과 외국인 투자자들은 한국 기업을 믿지 못했고, 국내 개인들도 주식투자를 꺼려왔다.

나는 늘 이렇게 말한다.

"주식투자는 자본주의의 꽃이고, 장기적으로 모든 국민이 부자가 되는 길이다."

그러나 그 길은 제도의 결함 때문에 막혀 있었다. 상법 개정은 바로 이 결함을 고치는 일이다. 기업의 경영진과 이사회가 더 이상 대주주만 바라보는 것이 아니라, 모든 주주의 이익을 위해 일하도록 만드는 장치다. 소액주주도 의결권을 제대로 행사할 수 있고, 경영진이 잘못했을 때 책임을 물을 수 있는 길이 열리면 자본시장은 더 투명해지고 신뢰를 얻게 된다.

이것은 단순히 법 조항 몇 개가 바뀌는 문제가 아니다. 자본주의에 대한 국민의 신뢰를 회복하는 일이며, 대한민국 경제의 체질을 바꾸는 일이다.

시가총액의
의미

주식시장에서 가장 자주 쓰이는 단어 중 하나가 시가총액이다. 기업을 이야기할 때 "시가총액이 얼마다"라는 말을 하지만, 그 의미를 깊이 생각해보는 경우는 드물다.

시가총액은 주가에 발행 주식 수를 곱한 값이다. 그러나 그것은 단순한 계산이 아니다. 시장이 그 회사를 어떻게 평가하고 있는가를 보여주는 거울이다.

예를 들어보자. 어떤 기업이 매출도 좋고 이익도 꾸준히 내고 있는데, 시가총액은 터무니없이 낮게 평가되어 있다면 무슨 뜻일까? 시장이 그 기업의 미래를 제대로 보지 못하거나, 기업 지배구조와 주주환원 정책이 미흡해 신뢰를 주지 못하고 있다는 뜻이다. 이때 장기투자자는 기회를 발견한다. 좋은 기업이지만 시장에서 저평가된 기업, 바로 거기서 부자가 될 기회가 생긴다.

시가총액이 커진다는 것은 단순히 주주의 자산이 늘어난다는 의미가 아니다. 기업의 신용도가 올라가고, 자금조달 비용이 줄어들며, 다시 그 돈으로 더 큰 성장을 이룰 수 있다. 시가총액의 성장은 곧 기업과 주주, 그리고 사회 전체의 부를 함께 키워나가는 과정이다.

주식투자의 본질은 미래의 시가총액을 바라보는 눈을 기르는 것이다.

주가의 단기 등락에 흔들릴 필요가 없다. 중요한 것은 이 회사의 시가총액이 앞으로 어떻게 변할지를 보는 눈이다. 지금은 낮아도, 기업이 끊임없이 성장하고 제도가 주주를 보호하는 방향으로 개선된다면 시가총액은 반드시 크게 성장한다.

한국 주식시장이 저평가된 이유, 이른바 코리아 디스카운트 역시 결국 시가총액이 터무니없이 낮은 현상이다. 우리 기업이 진정한 가치를 인정받고 정당한 시가총액을 갖게 되는 날, 한국 주식시장은 지금과는 전혀 다른 모습으로 바뀔 것이다.

자본에 국경은 없다:
외국 투자가들이 몰려와야 한다

자본에 국경은 없다. 돈은 어디서 왔는지가 중요한 것이 아니라, 어떻게 쓰이고 어떤 가치를 만들어내는지가 중요하다. 한국에서 외국 자본이 돈을 벌어간다고 불평할 이유가 없다. 오히려 그것은 더 큰 자본이 다시 한국으로 들어오는 출발점이다.

한국 사회는 오랫동안 '국부 유출'이라는 낡은 논리에 사로잡혀 있었다. 그러나 자본은 물과 같다. 흘러들어 오고 흘러나가며, 그 과정에서 새로운 생태계를 만든다. 한국 기업들이 외국 자본을 통해 더 큰 신뢰를 얻고, 더 낮은 비용으로 자금을 조달할 수 있다면, 그것은 한국 경제 전체가 도약하는 길이다.

워런 버핏이 일본 주식에 투자했을 때 일본 언론은 국부 유출을 걱정하지 않았다. 오히려 세계 최고의 투자자가 일본 기업을 신뢰했다는 사실에 주목했다. 그 결과 일본 증시는 활력을 되찾았고, 세계 자본이 몰려들었다. 이것이 바로 열린 태도의 힘이다.

한국 경제성장 과정에서 FDI(외국인 직접투자)는 자본과 기술, 그리고 노하우 이전의 중요한 통로였다. 자동차·반도체·전자 산업이 세계적인 경쟁력을 갖출 수 있었던 것도 외국 기업의 투자를 통해 최신 경영 기법과 기술을 흡수했기 때문이다. 우리가 외국 자본을 열린 마음으로 맞이해야 하는 이유가 바로 여기에 있다. 닫힌 시장은 제자리걸음을 하지만, 열린 시장은 외부의 자본과 지혜를 끌어들여 더 크게 성장한다.

전 세계 돈의 절반 이상은 미국 뉴욕 월스트리트로 흘러든다. 우리나라라고 안 될 이유가 있는가? 한국 주식시장이 5000포인트를 넘어서는 길 역시 외국 자본의 역할이 절대적이다. 이를 위해서는 전 세계를 돌며 한국 투자를 설득하는 로드쇼가 필요하다. 동시에 외국 금융기관이 한국에 더 쉽게 진출할 수 있도록 법과 제도를 개혁해야 한다. 그들이 한국 투자를 꺼리는 이유는 지배구조에 대한 불신, 경직된 자본, 교육·노동시장, 그리고 제도적 장벽에 있다. 이 장애물을 치워야만 한다.

부동산이든 주식이든 외국 자본을 위험이 아니라 기회로 바라보는 시각이 절실하다. 닫힌 시장은 성장할 수 없고, 열린 시장만이 더 나은 미래를 만든다. 외국 자본 유입은 국부 유출이 아니라 우리 경제의 파이를 키우는 성장 자본이다. 이제는 외국 자본을 배척하는 대신 환영해야 한다. 그것이 한국을 금융강국으로 이끄는 길이다.

한국이
아시아의 금융허브가 된다면

우리는 흔히 홍콩이나 싱가포르를 아시아의 금융허브라고 부른다. 자본이 자유롭게 오가고, 세계의 돈이 모이는 도시들이다. 그런데 나는 자주 이런 의문을 갖는다.

"왜 한국은 아시아의 금융허브가 되려고 하지 않을까?"

한국은 충분한 잠재력을 가지고 있다. 세계 10위권 경제 규모, 세계 최고 수준의 IT 인프라, 뛰어난 인재들, 그리고 세계 어디에도 뒤지지 않는 기업 경쟁력. 그러나 아직 금융강국이라는 이름과는 거리가 멀다. 이유는 분명하다. 자본시장을 둘러싼 제도가 선진국에 비해 투명하지 못했고, 국민들의 금융 이해도 또한 낮았기 때문이다.

나는 늘 이렇게 말한다.

"모든 국민이 투자자가 되어야 한다. 금융교육은 선택이 아니라 필수다."

한국이 금융허브가 된다면 단순히 해외 자본이 몰려드는 것에 그치지 않는다. 국민 한 사람 한 사람이 금융문맹에서 벗어나고, 자본주의의 주인이 되는 것을 의미한다. 젊은이들은 점수 경쟁 대신 창업과 혁신에 도전할 것이다. 기업은 주주의 권익을 존중하는 문화로 바뀔 것이다.

홍콩이 금융허브가 된 이유는 영국식 법과 제도가 외국 자본에 신뢰를 주었기 때문이다. 싱가포르는 작은 나라지만 개방과 효율을 철저히 선택했기에 가능했다. 한국이 금융허브가 되려면 두 가지를 동시에 품어야 한다. 투명한 제도와 열린 태도. 이것이 관건이다. 노동과 자본의 유연성이 필수적이다. 어려운 일이지만 경직된 노동 관련 법이나 제도는 전향적으로 바뀌어야 한다.

특히 외국 자본을 '국부 유출'이라고 보는 낡은 시각에서 벗어나야 한다. 외국 자본이 한국에서 돈을 벌어가도록 해야 한다. 그래야 더 많은 자본이 들어오고, 그것이 한국 기업과 국민 모두의 부로 돌아온다.

한국이 아시아의 금융허브가 된다면, 단순한 경제 성취에 그치지 않는다. 자본주의의 꽃을 온 국민이 함께 누리는 사회가 될 것이다. 국민은 투자자이자 자본가로 성장하고, 기업은 세계 자본시장에서 정당한 가치를 인정받게 된다.

나는 그날을 상상한다. 서울과 부산 혹은 그 밖의 도시가 아시아의 금융 중심지로서 전 세계 투자자들이 찾는 도시가 되는 모습을. K-Capitalism을 꿈꾼다. 그것은 결코 먼 꿈이 아니다. 제도가 변하고, 국민이 금융을 이해하고, 기업이 신뢰를 얻을 때, 그 길은 반드시 열린다.

YOU CAN

부자가 되지 못하는 이유

DO IT!

"대표님은
돈이 그렇게 좋으세요?"

나는 10여 년 동안 많은 강연을 진행했다. 다양한 사람들에게 금융, 특히 주식에 관해 이야기하기 위해서다. 그때마다 경제독립이 중요하다고, 또 용돈을 아껴서 일찍부터 투자해야 한다고 강조한다. 이때 많이 받는 질문 중 하나다.

"대표님은 돈이 그렇게 좋으세요?"

너무나 많이 받는 질문이지만, 항상 의아하게 느껴지고 마음이 아프다. 돈에 관한 교육을 오랫동안 받지 못한 사람들의 대표적인 질문이기 때문이다. 돈을 귀하게 여기지 않고 함부로 여기는 사람들의 전형적인 질문이다.

부자가 되려면 돈을 어떻게 벌고 어떻게 현명하게 소비해야 하며, 돈을 일하게 만드는 법을 배우는 교육 또한 필수적으로 받아야 한다. 돈을 귀하게 여기는 것은 나쁜 일도 부도덕한 일도 아니며, 비난받을 일은 더더욱 아니다. 좋아하는 일을 해야 성공하는 것처럼 돈을 좋아해야 부자가 된다. 그럼에도 강연 중 "돈을 아끼십시오. 소비를 줄여서 투자하십시오."라고 하면 가끔 반발 섞인 항변을 듣곤 한다. '소비를 최대한 줄이라'는 말을 '돈을 위해 현재의 행복을 포기하라'는 말로 오해하기 때문일 것이다. 더불어 돈에 대한 솔직한 대화를 터부시하는 한국인 특유의 가치관도 그런 항변에서 엿볼 수 있다.

나를 돈에 벌벌 떠는, 돈의 노예가 된 사람으로 오해하는 거야 얼마든지 웃어넘길 수 있다. 하지만 돈에 대한 왜곡된 인식과 태도가 한국 사회에 널리 퍼져 있다는 건 매우 안타까운 일이다. 돈을 싫어하는 사람은 세상에 없건만, 한국인들은 돈을 좋아하는 마음이 드러나는 것을 부담스러워한다. 매스컴에서도 "돈이 없어도 행복할 수 있다." "행복은 돈으로 살 수 없다."라는 말이 심심치 않게 나온다. 하지만 이 말은 반만 맞고 반은 틀리다. 돈이 많다고 반드시 행복한 것은 아니지만 돈이 없으면 불행할 수밖에 없기 때문이다. 평생 경제적으로 쪼들리는 삶을 살면서 행복하기를 바랄 수는 없다. 그 누구도 그렇게 사는 건 원하지 않을 것이다.

얼마 전에 한국 사회의 서글픈 모습을 보여주는 기사를 하나 보았다. 〈'관계'를 잃어버린 한국인〉이라는 제목의 이 기사는 리얼돌 real doll 수입 논란이 실은 인간관계를 열망하는 심리가 왜곡된 결과라고 분석하면서, 현대사회에서 인간관계가 단절되는 원인으로 경제적 어려움을 꼽았다. 한국인의 인간관계, 특히 결혼 또는 이성교제마저도 경제적 어려움 때문에 위축된다는 것이다. 이는 일본이 이미 겪고 있는 심각한 사회문제이기도 하다.

돈이 없으면 인간관계를 맺기 어렵고 삶의 질도 떨어진다. 이것이 정확한 현실이다. 그런데도 돈이 중요하지 않다는 건 어불성설이다. 돈의 중요성은 아무리 강조해도 지나치지 않다.

돈 이야기를 하면 왠지 격이 떨어진다고 가르치는 것은 자본주의 사회에 살면서 자본주의를 외면하라고 가르치는 꼴이다. 우리는 좀 더 솔직해질 필요가 있다. 세상을 살아가는 데 돈이 전부인 것은 아니지만, 돈이 없으면 비참해진다. 한국에서 유난히 돈에 대한 인식이 부족한 이유를 사람들은 유교에서 찾는다. 하지만 유교의 발상지인 중국은 전혀 그렇지 않다. 유교가 한국에 전파되면서 변질됐을 뿐이다. 내가 아는 많은 중국인들은 돈에 대한 철학이 한국인들의 그것과 전혀 다르다.

나에게 돈이 그렇게 좋으냐고 따지는 이유는 아마도 '돈의 중요성'을 강조하는 나를 돈의 노예로 여기기 때문일 것이다. 하지만 이는 틀린 생각이다. 돈의 노예가 되는 것과 돈을 중시하는 것은 정반대의 개념이다. 돈의 노예가 되는 사람들은 돈을 하찮게 생각하는 이들이다. 돈에 초연한 척하는 사람들, 돈을 경시하고 낭비해버리는 사람들인 것이다.

무절제하게 소비하고 합리적으로 투자하지 않은 이들은 노후에 대부분 비참해진다. 가난하다는 것은 뭘까? 바로 돈에 끌려다닌다는 것이다. 하고 싶은 일이 있어도 돈이 없어서 하지 못하고, 부당한 일을 당해도 돈이 없어서 참아야 하며, 은퇴하고 싶어도 돈이 없어서 계속 일을 해야 한다. 금전적인 이유로 국민들이 은퇴를 하지 못하는 나라 순위에서 한국이 두 번째로 높은 것은 안타까운 일이다. 한국은 노인층의 빈곤율이 세계 최고인데 노인 취업률 또

세계 각국의 공식은퇴 나이와 실질은퇴 나이

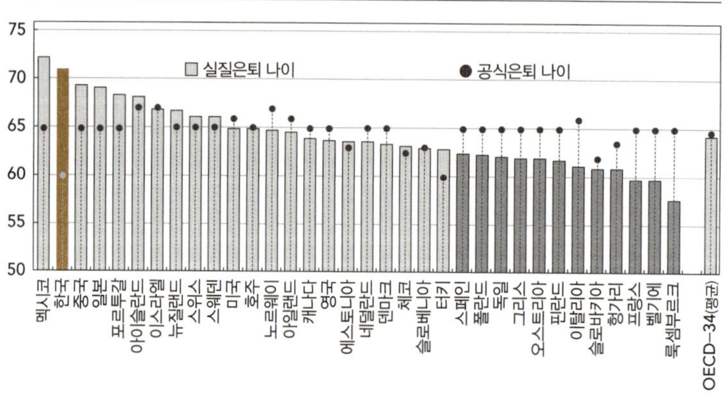

출처: OECD

한 세계 최고다. 돈에 대한 이해와 관리가 부족한 결과다.

또한 한국의 노인자살률도 세계 최고 수준이다. 보건복지부에서 내놓은 2019년 자료에 따르면 우리나라의 65세 이상 노인자살률(인구 10만 명당)은 2015년 기준 58.6명으로 OECD 회원국 평균치인 18.8명보다 훨씬 높고 2위인 슬로베니아의 38.7명과도 큰 격차를 보인다. 노인들이 자살을 생각하는 이유 중 1위는 경제적 어려움이다. 자살을 생각해본 적 있는 65세 이상 노인 가운데 27.7%가 생활비 문제를 꼽은 것이다. 안타까운 일이다.

'돈 때문에' 원하지 않은 일을 하면서 어려운 여생을 보내게 된다면 이것이 바로 돈의 노예가 되는 셈이 아닌가!

돈의 노예가 되지 않으려면 사랑하는 사람들과 돈을 주제로 하

65세 이상 노인 10만 명당 자살자 수

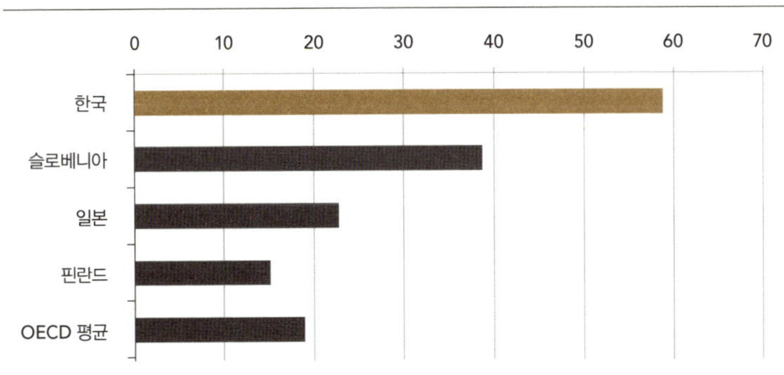

출처: 보건복지부, 2019.

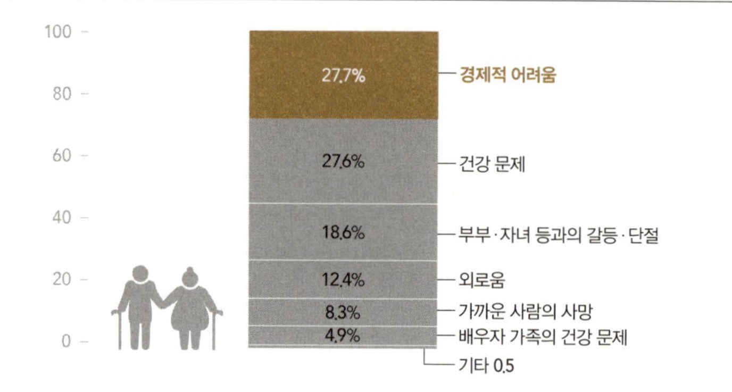

출처: 한국보건사회연구원

는 대화를 일찍부터 자연스럽게 나눠야 한다. 소비, 절약, 투자에 대해 식구들과 솔직하게 이야기하고 실천해보자. 특히 자녀들에게 돈의 중요성을 반드시 가르쳐야 한다. 구체적으로는 부모의 수입과 지출, 부채를 공유하고 자녀들이 자연스럽게 가정의 경제생활에 참여하도록 유도해야 한다. 별생각 없이 자녀들에게 신용카드를 주는 부모들이 꽤 많은데 이는 굉장히 위험한 행위다. 미국에서는 자녀에게 카드를 주는 것은 마치 권총을 쥐어주는 것과 같다고 한다. 그 아이들은 돈을 버는 과정, 아끼는 과정을 체험해볼 기회를 갖지 못한 채 자랄 것이기 때문이다. 돈의 노예가 되지 않으려는 노력은 돈을 중요하게 생각하는 것에서부터 시작된다.

한국의 출산율이 0.65명이라는 처참한 현실은 돈으로부터 자유롭지 않기 때문이다. 아무리 많은 국가 예산을 투입해도 출산율의 변화가 없는 것은 점수 경쟁과 금융교육의 부재에 있다고 나는 확신한다.

부를 창조하는 라이프스타일, 부를 파괴하는 라이프스타일

세상에는 두 종류의 라이프스타일이 있다. 부를 창조하는 라이프스타일과 부를 파괴하는 라이프스타일이다. 필요 없는 지출을 줄여 노후를 위한 투자를 일찍 시작하는 라이프스타일이 전자라면, 반대로 본인의 수입보다 과도하게 지출하는 라이프스타일은 후자에 속한다. 만일 당신이 지금 부자가 아니라면 자신을 한번 냉정하게 뒤돌아보자. 당신의 라이프스타일은 부를 창조하고 있는가, 아니면 부를 파괴하고 있는가?

안타깝게도 한국에는 후자의 라이프스타일을 가진 사람이 대부분이다. 많은 사람들이 "노후준비를 위해 투자할 여유가 없다."고 말하면서도 필요하지 않은 소비를 위해 거리낌 없이 돈을 쓴다. 술을 마실 때도 한 번에 그치지 않고 2차, 3차까지 여러 번 자리를 옮겨 가며 마시고, 서로 술값을 내겠다며 호기 부리는 광경도 자주 볼 수 있다. 고가 브랜드의 옷과 액세서리, 화장품, 가방 등도 거침없이 사들이고, 동료나 이웃이 사는 물건은 자신도 사야 한다고 생

일반인과 부자의 소비 항목 차이

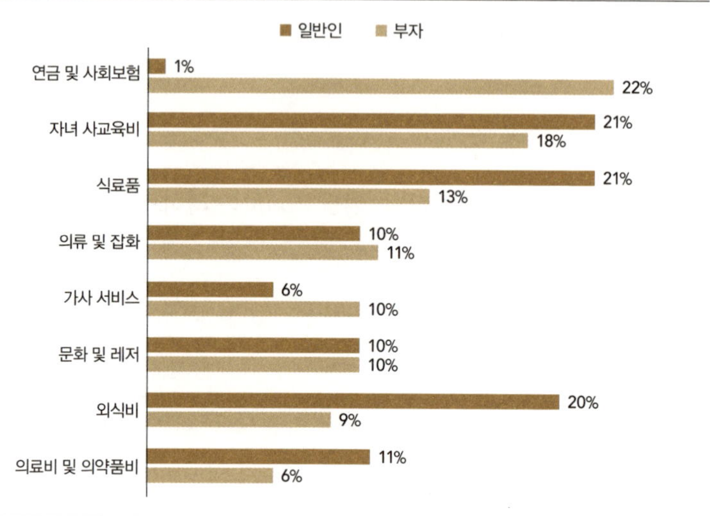

출처: 하나금융경영연구소, 2015 Korean Wealth Report

65세 이상 노인 빈곤율

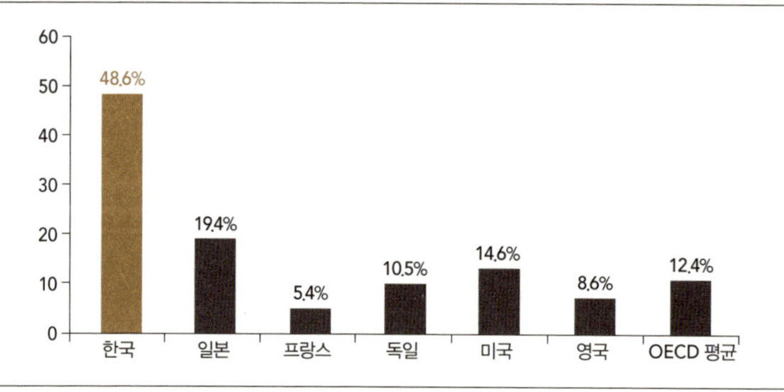

출처: OECD

각한다. 2015년의 조사를 보면 일반인들은 자녀 사교육비, 식료품, 외식비에 전체 소득의 60% 이상을 쓰는 반면 노후준비를 위한 연금에 쓰는 돈은 1% 수준으로 매우 적다고 한다. 반면 부자들은 노후준비를 위한 연금 및 사회보험에 22%를 쓴다. 이런 라이프스타일의 차이가 노후준비의 차이를 가져오고 빈부격차를 걷잡을 수 없이 벌어지게 만든다.

노후빈곤의 비참한 현실이 곳곳에서 펼쳐지고 있는데도, 자신의 노후에 대한 절박함이 없는 사람은 매일매일 투자하는 대신 비싼 커피값을 아무 생각 없이 지불한다. 부유하게 사는 것처럼 보이고 싶기 때문이다. 이러한 습관적 낭비를 줄여서 마련한 돈을 노후준비용 투자금으로 전환하는 지혜가 필요하다.

부자가 되지 못하는 이유
네 가지

우리는 부자처럼 보이려 할 게 아니라 부자가 되어야 한다. 한국인들을 부자가 되지 못하게 만드는 가장 큰 이유 네 가지를 소개한다.

사교육비

한국은 OECD 국가 중 노인층의 빈곤율과 기대수명이 가장 높은 나라다. 한국 노인층을 가난하고 비참한 상태로 오랫동안 살아가게 만드는 원흉은 사교육비다. 통계에 따르면 노후준비를 하지 못하는 가장 큰 이유는 자녀의 교육자금과 결혼자금 마련이라고

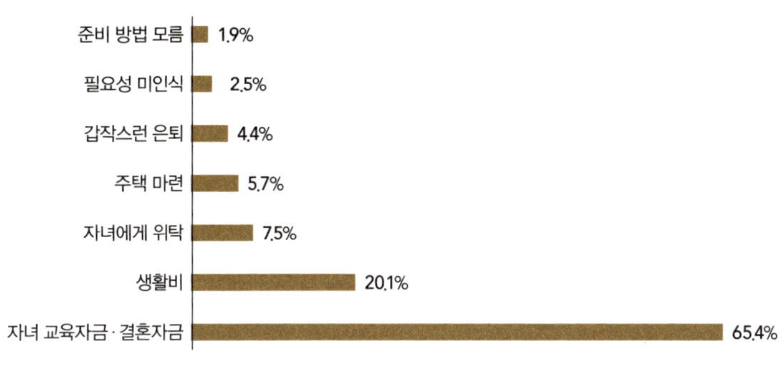

한다.

한국의 부모들은 사교육비를 당연한 지출이라 여기고, 자녀에게 사교육을 시키지 않으면 큰일이라도 날 것처럼 힘들어한다. 하지만 나는 사교육비로 100만~200만 원씩 쓰는 사람들을 보면 정말 강심장이라는 생각이 든다. 사교육비 쓰는 만큼 아이가 공부를 잘하는 것도 아니고, 지금 성적이 조금 오른다 해서 경제적으로 윤택해지는 것도 아닌데, 그 많은 돈을 어떻게 사교육비로 탕진한단 말인가? 그래서 나는 강의 때마다 왜 사교육비를 꼭 써야 한다고 생각하는지 묻는데, 대부분은 이렇게 대답한다. "저도 사교육비가 문제라는 것을 잘 알고 있어요. 하지만 다른 집 아이들은 다 하는데 우리 아이만 안 시킬 순 없잖아요."

"우리 아이가 혹 다른 아이에게 뒤처질까 걱정되어서"라는 말이다. 절박한 심정이야 이해되지만 사실 상식적인 대답은 아니다. 단순히 우리 아이의 성적이 뒤처질 것이 염려돼서 나의 노후를 망치고 아이들을 가난하게 만들어도 좋다는 말인가? 아이들도 빈곤해짐은 물론 가정의 행복을 빼앗고 국가적으로도 큰 손해를 끼치는 사교육비 지출에 대한 변명치고는 너무 빈약하지 않은가? 사교육을 아무리 끊으라고 해도 끊지 못하는 것은 결국 옆집 아이 때문이라는 이야기 아닌가!

공부 못하고 좋은 대학교에 못 들어가면 큰일 날 것 같지만 절대로 그렇지 않다. 좋은 성적과 명문대 입학이 부자가 되는 길로 직결되는 건 아니다. 오히려 반대의 경우가 대부분이다. 자녀가 공부에 관심이 없다면 사교육비를 아껴 투자로 전환하고 미래의 창업 자금으로 쓰게 하는 편이 좋다. 이렇게 하면 공부 잘해서 좋은 학교를 졸업한 뒤 취직한 아이들보다 부자가 될 확률이 훨씬 높기 때문이다. 이에 대한 설명은 따로 할 필요도 없을 정도로 자명하다.

통계에 따르면 사교육비 시장의 규모는 연 35조 원에 이른다. 학생 수는 줄고 있는데 사교육비는 오히려 늘어나고 있다. 그런데도 옆집 아이와 똑같이 시험 성적에 매달리고 거기에 모든 노후자금을 갖다 바쳐야 하는가? 과도한 사교육비 지출의 결과, 아이들은 즐거운 학교생활을 빼앗기고 온 국민은 가난해진다. 부모의 잘못된 판단은 부모 자신과 자녀 모두를 불행하게 만들고 국가 경쟁력도 약화시킨다. 공부를 좋아하는 아이도 있지만 대부분의 아이들은 공부에 별 취미가 없다. 그런데도 '모든 학생은 공부를 잘해야 한다'는 논리가 지배적인 사회라면 공부가 싫은 아이들에게는 하루하루가 지옥이 아니겠는가? 수능 시험에 응시하는 학생 수가 50만 명인데 소위 명문대들의 입학 정원이 5만 명이라고 치면, 나머지 45만 명의 아이들은 얼마나 절망감을 느끼겠는가? 그런데도 부모는 아이가 하기 싫어하는 공부를 시키기 위해 가진 돈을 다 써버리는 우를 범한다. 그러다 나중에 자녀가 취직에 실패라도 하면

통계청 2017~2024년 사교육비 관련 통계

아래는 교육부와 통계청이 발표한 2017년부터 2024년까지 8개년 사교육비 관련 공식 통계를 정리한 표다.

연도	사교육비 총액 (억 원)	학생 수 (만 명)	1인당 월평균 사교육비 (만 원)	사교육비 총액 증감률 (%)	학생 수 증감률 (%)	1인당 사교육비 증감률 (%)
2017	186,000	573	27.2	–	–	–
2018	105,000	556	29.1	4.8	−3.0	7.0
2019	210,000	550	32.1	7.7	−1.1	10.3
2020	194,000	540	28.9	−7.6	−1.8	−10.0
2021	234,000	528	36.1	20.6	−2.2	24.9
2022	260,000	524	43.1	11.1	−0.8	19.4
2023	271,000	518	43.4	4.2	−1.1	0.7
2024	292,000	513	47.4	7.7	−1	9.2

어떤 상황이 벌어질까? 취직이 된다고 가정해도 경제적으로 큰 도움이 되지 않는다. 만일 그 막대한 돈으로 일찍부터 주식에 투자했다면, 아이는 대학교를 졸업할 시점에 적어도 몇억 원의 자산을 가지게 됐을 것이다. 대학 졸업 뒤 취업을 걱정하는 아이와 몇억의 자산을 소유한 아이, 누가 더 행복한 부자가 되어 있을까?

어느 쪽을 선택해야 할지는 쉽고도 명확한데도 사람들은 실천에 옮기는 것을 그토록 어려워한다.

현재와 같은 사교육비 지출은 아이들에게도 큰 재앙이다. 즐거워야 할 어린 시절, 다양한 생각과 창의력을 길러야 할 아이들이 밤늦게까지 학원에서 대부분의 시간을 보내는 것을 당연하게 받아들이는 한국 사회의 모습이 정말 안타깝다. 소중한 노후자금이 우리 자녀들의 경쟁력을 떨어뜨리고 부모를 가난하게 만들며 노후를 망치는 데 쓰인다는 사실에 너무 어이가 없다.

사교육비 지출에는 대가가 따른다. 노후준비는 최악의 상황을 맞게 되고 빈부격차는 계속 심화되며 사람들은 불행해지고 부정적인 사고방식과 언어를 양산한다. 헬조선, 소확행, 욜로 등의 부정적인 언어가 우리의 삶을 마비시킨다. 이미 우리는 그 부작용을 혹독히 치르고 있다. 우리나라가 노인자살률 세계 1위, 출산율 세계 꼴찌인 이유가 여기에 있는데도 인식의 변화는 보이지 않는다. 사교육비를 투자로 전환한다면 여러분과 여러분의 자녀들이 미래에 부자가 되는 것은 자명하다. 종일 학원에서 시간을 보내는 아이들은 다양한 생각을 할 수 없고, 다양한 생각을 할 수 없으면 부자가 될 확률이 점점 더 줄어든다. 연간 35조 원 가까이 소비되는 사교육비가 우리 자녀들의 창업자금으로 쓰인다면 대한민국은 분명 대단한 국가가 될 것이다.

몇 년 전 미국에서 큰 부자들을 인터뷰하여 그들의 특징을 조사한 결과가 발표되었는데, 그들에게선 네 가지의 공통점이 발견되었다.

첫째, 도덕성이 높았다. 부자와 도덕성은 큰 관련성이 없어 보이지만 조금만 더 생각하면 개연성을 발견할 수 있다. 도덕성이 높은 사람은 다른 사람에게 신뢰를 주기 때문에 주변에 사람들이 모이고, 함께 일하거나 사업하고 싶어 하는 이들이 늘어난다.

둘째, 호기심이 많았다. 그들은 새로운 일에 도전하는 것을 즐겼고 긍정적인 사고방식을 지녔다.

셋째, 중·고등학교 시절 돈을 벌어본 경험이 있었고, 이를 통해 자본주의의 질서와 돈의 흐름을 익혔다. 적게나마 돈을 경험해본 것은 나중에 큰돈을 움직이는 데 도움을 주었다.

넷째, 어렸을 때부터 투자를 해왔다. 조금씩이라도 오랫동안 투자해본 경험으로 돈이 일하게 하는 방법을 깨달은 것이다.

여기에서 한 가지 중요한 사실을 발견할 수 있다. 공부를 잘하는 것은 부자의 속성이 아니라는 점이다. 공부를 못해도 부자가 되는 데는 아무런 지장이 없다. 자녀가 진정으로 성공하고 부자가 되며 행복한 삶을 살게 해주려면 부모가 무엇을 해야 하는지, 부자들의 실제 삶이 잘 보여주고 있지 않은가? 사교육비는 부모와 자녀 모두를 급속히 가난하게 만드는 주범이다.

정말 이해가 가지 않는 것은, 문제점이 많음을 다들 인정하면서도 아무도 행동으로 옮기지 않는다는 사실이다. 현명한 부모라면 아이들의 사교육비를 아이들을 위한 투자로 전환해야 한다. 어차피 모든 아이가 공부를 잘할 수는 없다. 자녀들을 공부 잘하는 아이보다는 부자로 키우는 것이 훨씬 더 좋은 일 아닌가? 실제로 공부하기 싫어하는 아이를 공부 잘하게 만드는 것보다는 부자로 만드는 편이 훨씬 수월하다. 비싼 돈을 들여 공부를 시키는 이유 역시 아이가 나중에 잘살게 하려는 것 아닌가?

아이들의 사교육비 지출을 당장 멈추고, 그 돈을 아이들의 경제 독립을 할 수 있는 자금으로 전환해라. 자녀 스스로 미래를 개척할 수 있도록 아이들에 대한 간섭을 줄여라. 아이가 넘어지면 땅을 짚고 일어날 수 있게 가르쳐야 하는데, 부모들은 자꾸 땅을 안 짚게 해주려 든다. 자녀에게 풍요로운 인생을 진심으로 선물하고 싶다면 사교육보다는 일찍부터 자녀를 위한 투자를 시작해라. 그 돈으로 저축하고 투자해서 아이가 성인이 될 때 취직뿐 아니라 창업을 원한다면 그것을 위한 자금으로 쓸 수 있게 해야 한다.

존리의 부자학교를 찾아온 많은 은퇴자나 은퇴를 눈앞에 둔 사람들 대부분은 사교육비를 과도하게 지출해온 것을 후회했다. 세상은 너무나 빠르게 진화하는데 한국의 교육 시스템은 과거 100년을 그대로 답습하고 있다는 사실이 나는 너무나 안타깝다.

존리의 부자학교에서 금융공부를 하기 위해 찾아오시는 분들의 대부분은 50대 이상이다.

코리안 스탠더드

한국에 온 뒤 어느 여고에서 2학년 학생들을 대상으로 강연한 일이 있다. 막상 수락하고 나니 무슨 말을 해줄까 고민이 된 나는 강연 전날, 미국의 고등학교 2학년에 재학 중이었던 아들의 도움을 얻기로 했다. 고등학교 2학년생들의 가장 큰 관심사가 무엇인지 알고 싶었기 때문이다. 아들의 대답은 엉뚱하게도 "어른들은 아이들을 이해하지 못하기 때문에 어떤 말을 하더라도 가슴에 와닿지 않을 거예요."였다. 아들의 이야기는 내가 섣불리 충고하려는 생각을 접게 만들었다.

강연 당일, 선생님들이 나한테 미리 주의를 주었다. 대다수의 아이들이 전날 늦게까지 있었을 학원 수업 때문에 잘 것이고 질문을 많이 하지 않을 텐데, 그렇더라도 마음에 두지 말라는 의미였다. 이 말을 듣자 마음이 너무나 무거워졌다. 많은 다양성을 접하고 재미를 느껴야 할 나이에 학원 수업 때문에 시간을 낭비한다는 사실은 학생들 개개인뿐 아니라 한국의 경쟁력과도 직결되기 때문이다. 아이들을 글로벌하게 길러야 하는데 한국의 교육 시스템은 아이들을 지극히 한국적으로 키워내려 한다. 커서 세계의 아이들과 경쟁해야 하는데 고작 옆의 친구들과 점수 경쟁을 하게 만드니 말이다. 높은 수능 점수는 앞으로의 삶에 큰 도움이 되지 않는다. 명문대 입학은 성공적인 삶과는 무관하고, 특히 돈을 버는 것과는 반비례한다. 부모님이 친구들한테 자랑할 거리 이상도 이하도 아닌 것이다.

나는 학생들에게 공부가 전부가 아니라고, 공부가 정말 너무 좋으면 하는 게 맞지만 그렇지 않다면 적당히 해도 전혀 문제가 되지 않는다고 했다. 다른 재미있는 일이 공부 외에도 얼마든지 있다는 사실을 기억해야 한다고 강조하며, 덧붙여 과외나 학원 갈 돈으로 주식을 사라고 했다. 아이들의 반응, 그리고 질문들은 실로 엄청나게 쏟아졌다. 그날 그 학생들의 눈빛에 나는 너무 감격했고 한국에도 희망이 있음을 느꼈다.

나는 우리의 귀한 아이들을 부모님들과 한국의 근시안적인 교육 시스템이 망치고 있다고 믿는다. 다양성을 배제한 잘못된 교육 시스템으로 아이들의 높은 경쟁력을 낭비할 것이 아니라 전 세계 아이들과 경쟁할 수 있도록 본인이 관심 있는 분야에서 큰 기회를 찾을 수 있는 아이로 키워야 한다. 지금 우리에게 필요한 것은 코리안 스탠더드가 아닌, 글로벌 스탠더드다.

자가용

내가 서울에 와서 가장 감사하게 생각하는 것 중의 하나가 차를 운전할 필요가 없다는 것이다. 부를 파괴하는 라이프스타일의 요소 중 사교육비 다음으로 대표적인 것이 자가용과 관련된 비용이다. 나는 한국에 온 이후로 자동차를 사지 않았다. 필요성을 느끼지 않았기 때문이다. 한국 도시의 대중교통은 세계 최고 수준인 반면 이용료는 가장 저렴하다. 스마트폰으로 지하철 노선은 물론 버스의 시간표와 현재 위치까지 알 수 있다. 정류장의 전광판은 친절하게 도착 시각을 알려준다. 이렇게 편리한 대중교통망을 두고 굳이 승용차를 사서 불편을 겪을 이유가 있는가? 버스나 지하철로 이동하는 나를 이상한 사람으로 취급하는 이들도 있지만 나는 전혀 개의치 않는다. 미국에서는 어쩔 수 없이 자동차 구입을 위해 많은 돈을 지불했지만 한국에서는 전혀 그럴 필요가 없다.

내가 일했던 뉴욕 회사에서 높은 연봉을 받는 동료들 중에도 뉴욕시에 사는 이들은 대부분 차가 없었다. 자동차는 사는 순간부터 감가상각이 시작되기 때문에 손해다. 반드시 필요한 상황이 아니라면 자가용 구입에 들 큰돈을 앞으로 가치가 오를 주식에 투자하겠다는 게 훨씬 현명한 생각이다. 이것이 우리 모두가 다 아는 세계적인 부자, 워런 버핏의 자동차 철학이다. 버핏은 2006년형 미국

차를 2014년까지 운전했고, 그의 딸로부터 "자동차가 너무 낡아 창피하다."는 불평을 듣기도 했다. 2014년에 그는 약 6,000만 원 정도의 미국 차를 구입했다는데, 이를 두고 "세계 최고 부자답지 않게 궁색하다."고 평하는 사람들이 있다. 하지만 바로 이 차이 때문에 워런 버핏은 부유하고 다른 많은 사람은 가난한 것이다.

자동차는 한국인의 노후준비를 막는 중요한 장해물 중 하나다. 인도받는 순간부터 자동차는 중고차가 되어 감가상각이 시작된다. 자동차를 유지하는 데도 할부금, 유류비, 보험료, 세금, 수리·정비 비용 등이 매달 빠져나가는데, 이를 합하면 꽤 큰 금액이다. 타고 다니는 차가 고가일수록 유지비는 더 커진다. 구입과 동시에 부를 급격히 감소시키고 손실을 보게 만드는 것이 자가용인 셈이다. 통

서울 시민의 월평균 승용차 유지 비용

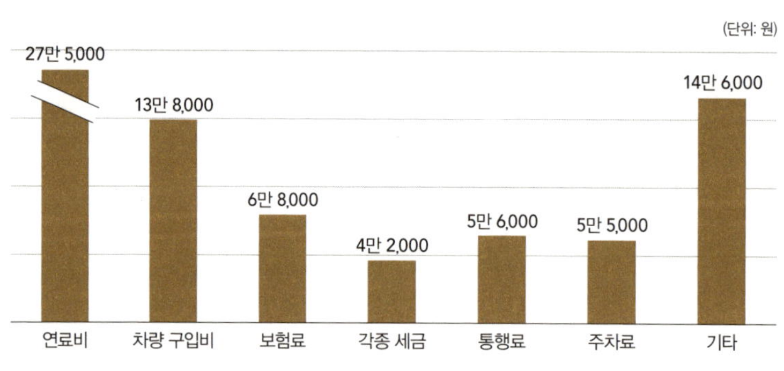

출처: 서울연구원, 2016.

계에 따르면 서울에서 차 한 대를 유지하는 데는 월평균 78만 원이 든다고 한다(서울연구원, 2016년 3월 조사 결과). 만약 매년 이 금액을 아껴 연 5%의 수익을 낸다면 30년 후에는 6억 5,000만 원을 만들 수 있다. 매년 3,000만 원을 찾아 쓴다고 해도 약 30년을 버틸 수 있는 정도의 돈이니, 자동차만 없애도 노후준비에 큰 도움이 되는 것이다.

현재의 즐거움도 좋지만 인생이 불행해지는 것만큼은 꼭 막아야 한다. 여러분의 우선순위는 무엇인가? 현재의 소비를 통한 짧은 즐거움인가, 아니면 경제독립인가?

보험

한국 사람들의 보험에 대한 잘못된 인식이 노후준비에 나쁜 영향을 끼친다. 투자는 두려워하고 보험은 안정적이라고 착각을 한다. 노후준비를 하기 위한 가장 좋은 수단은 장기적으로 주식 등에 투자하는 것이다.

보험은 미래를 준비하는 것이 아니라 이미 갖고 있는 것을 지키기 위한 수단이다. 원금이 보장된다는 말에 현혹되어 자신의 노후 자금을 일시키지 않고 보험상품에 잠재우고 있는 경우가 대부분이다. 자신이 어떤 보험에 가입되어 있는지는 반드시 살펴야 한다.

부자처럼 보이려는 라이프스타일

한국에 와서 신기했던 것 중 하나는 사람들의 씀씀이였다. 넉넉하지 않은 사람들도 비싼 승용차를 타고 백화점에서 명품 쇼핑을 즐긴다. 주저함 없이 해외여행을 떠나고, 거리는 연일 먹고 즐기는 사람들로 북적거린다. 하지만 나는 그런 모습들을 보면 무척 걱정이 된다. 그들의 미래가 보이기 때문이다. 그들은 부자처럼 보이기 위해 부자의 길에서 점점 더 멀어지고 있는 것이다.

젊은 사람들 역시 마찬가지의 생활방식에 젖어 있다. 하루에도 몇 잔씩 값비싼 커피를 마시고, 비싼 옷이나 화장품도 주저하지 않고 구입한다. 돈이 없고 월급이 적다고 불평하면서도 조금만 돈이 모이면 해외여행을 가서 모두 써버리고 오는 사람이 많음은 물론, 심지어 신용카드 할부로 빚을 지면서까지 해외여행을 당연시한다. 그런 한국에서 '삼포시대' '헬조선' '흙수저' '소확행' '욜로' 같은 말이 유행하고 있다. 취업난 때문에 힘들어하고 경제도 어렵다고들 하지만 공항의 그 많은 인파를 보면 누가 불경기라고 하겠는가? 어차피 자신은 부자가 될 수 없으니 차라리 지금이라도 실컷 쓰고 즐기겠다는 생각인 것일까?

아무리 열심히 일해도 부자가 될 수 없다고 생각하면 사람들은 돈을 아끼려는 의욕을 잃어버린다. 버는 대로 먹고 마시고 소비하

한국 최근 10년간 소득 대비 부채 현황

한국은행·통계청·금융위원회의 공식 자료를 바탕으로 정리한 2015년부터 2024년까지 가처분소득과 가계부채 통계는 다음과 같다.

연도	가처분소득(조 원)	가계부채(조 원)	부채/가처분(%)
2015	788.0	1,203.1	152.7
2016	813.0	1,342.5	165.1
2017	838.0	1,450.8	173.2
2018	872.0	1,536.6	176.3
2019	916.0	1,620.2	176.9
2020	957.0	1,750.4	182.9
2021	972.0	1,862.1	191.6
2022	995.0	1,885.5	189.5
2023	1,055.0	1,900.0	180.1
2024	1,135.0	1,983.4	174.7

면 지금 당장은 즐겁고 행복하거나, 소소하지만 확실한 행복인 이른바 '소확행'이 달콤하게 느껴질 수도 있다. 하지만 소비의 달콤함에 빠져들수록 가난해지는 속도는 더욱 빨라지고, 덜컥 수입이 끊기거나 아프기라도 하면 곧바로 빈곤층으로 추락하고 만다. 우리는 부자처럼 보이지 말고 부자가 되어야 한다. 당신이 지금 부자가 아니라면 남들이 사는 방식을 따라 하려 해서는 안 된다. 한국 사회에 만연한 그릇된 소비행태는 한국 사람들이 돈에 대해 잘못 알고 있는 탓에 형성된 것이다. 열심히 일하고 저축해도 부자 되기는

불가능하다고 생각하며 포기해버리면 안 된다.

부자가 되는 길은 사실 놀라울 정도로 가까운 데 있다. 생각만 바꾸면 된다. '안 된다'는 생각, '개천에서 용이 나던 시대는 지났다'는 생각에서 탈출해야 하는 것이다. 과도한 소비를 투자로 바꾸는 라이프스타일로 전환하기만 해도 기적이 일어난다. 이는 복리의 마법 때문이다. 예를 들어 하루에 담배 한 갑을 피우고 커피 두 잔을 사서 마시는 사람이, 담배와 커피를 끊고 매일 아낀 돈 1만 원으로 1989년 10월부터 2019년 10월까지 매달 30년 동안 꾸준히 삼성전자 주식을 사서 모았다고 가정해보자. 지금쯤이면 그가 이렇게 투자한 주식 가치는 다음의 표와 같이 85억 원 정도로 불어나 있을 것이다(단순 주가 기준이며 배당 등은 고려하지 않았음). 그 기간에 배당받은 것까지 고려하면 금액은 훨씬 더 커진다. 이것이 바로 복리가 부리는 마법이다.

그런데도 사람들이 투자를 지레 포기하는 이유는 투자할 돈이 없어서가 아니다. 미래에 돈의 노예가 될지도 모를 사태의 심각함

월 30만 원씩 30년간 삼성전자 주식을 매수했을 경우의 현재 가치

연도	1989년 10월	1999년 10월	2009년 10월	2019년 10월
납입금액(만 원)	30	3,630	7,230	10,830
평가금액(만 원)	30	27,209	184,856	852,556
적립식 수익률(%)	100	750	2,557	7,872

25년간(2000년 12월 ~ 2025년 10월) 누적 상승률

자산	2000년 12월	2025년 10월	상승배수	누적수익률	연평균 수익률
삼성전자	300원*	101,900원	339.67배	33866.7%	26.0%
SK하이닉스	5,000원*	428,000원	85.60배	8460.0%	19.0%
네이버	20,000원*	253,000원	12.65배	1165.0%	10.0%
KOSPI 지수	504.62	4,086.89	8.10배	709.9%	8.0%
압구정 현대아파트	5.0억 원	36.0억 원	7.20배	620.0%	8.0%
현대차	40,000원	270,000원	6.75배	575.0%	8.0%
서울 평균 아파트	2.5억 원	14.6억 원	5.84배	484.0%	7.0%
강남구 평균 아파트	7.0억 원	21.0억 원	3.00배	200.0%	4.0%

을 절실히 느끼지 못하고 작은 돈이라도 투자하면 큰돈이 되는 복리의 마법을 이해하지 못하기 때문이다.

담배와 커피를 줄이는 것만으로도 엄청난 돈이 모이는데 그보다 더 큰 씀씀이를 줄인다면 얼마나 큰 부자가 되겠는가? 사람들이 맥주를 마실 때 당신은 그 맥주 제조사의 주식을 살 수 있는 여유를 가져야 한다. 무의식적으로 되풀이하는 낭비성 지출을 주식이나 주식형 펀드(ETF)에 투자하는 것으로 바꿔보자. 자산이 늘어나는 것을 경험하면 소비를 통해 얻는 즐거움보다 수십 배 더 큰 즐거움을 알게 된다.

'금융문맹'은
질병이자 악성 전염병

"문맹은 생활을 불편하게 하지만 금융문맹은 생존을 불가능하게 만들기 때문에 문맹보다 더 무섭다."

19년 동안 FRB(미국 연방준비제도이사회) 의장이었던 앨런 그린스펀 Alan Greenspan이 한 말이다. 금융문맹은 곧 금융에 대한 지식이 부족해 돈을 제대로 관리하거나 활용하지 못함을 뜻한다. 자본주의와 부의 원리, 금융 등에 관한 지식이 없다면 그렇지 않은 사람에 비해 경제력이 부족할 수밖에 없다. 금융문맹에서 벗어난 사람들은 점점 더 부자가 될 것이고, 금융문맹인 사람들은 점점 더 가난해질 것임은 불을 보듯 확실한 일이다.

금융강국이라는 미국에서도 금융문맹률은 50%에 달한다. 미국의 유명 운동선수들은 엄청난 연봉을 받지만 그들 중 50%는 은퇴 후 파산 신청을 한다고 한다. 보통의 샐러리맨이 평생 버는 돈보다 많은 연봉을 받고도 파산을 하는 원인은 도대체 무엇일까? 답은 간단하다. 그들이 금융문맹이었기 때문이다. 이런 사실은 경제독립을 이루는 데 있어선 연봉의 많고 적음보다 금융지식과 라이프스타일이 훨씬 더 중요하다는 사실을 증명한다. 금융문맹은 많은 돈을 번 사람도 파산하게 만든다. 그래서 무섭다.

단순히 월급에서 생활비를 아껴 저축하는 방법으로는 경제독립을 이룰 수 없다. 돈이 일하게 하는 현명함, 즉 금융을 이해하는 것이 경제독립의 실현에선 필수적이다.

금융문맹이 가장 심각한 국가는 일본이다. 일본은 세계 최고령 국가임에도 국민들이 금융을 이해하지 못해서 노후준비를 제대로 못 한 나라다. 특히 평균수명이 87세에 달하는 일본 여성은 노후준비 부족으로 말년을 힘들게 보내는 대표적인 취약 계층이다. 일본인들은 자산의 80%가 은행 예금이나 부동산에 묶여 있고, 돈이 일하게 한다는 개념을 이해하지 못했으며 아직도 그러한 상태에 머물러 있다. 그래서 일본이 오랫동안 침체에서 벗어나지 못하고 있는 것이다. 아직도 대부분의 일본인들은 주식에 투자하는 것을 부끄러워한다고 한다. 주식투자로 얻는 성과를 불로소득이라 여기기 때문이다. 주식에 대한 이해 부족으로 여유자금이 자본시장으

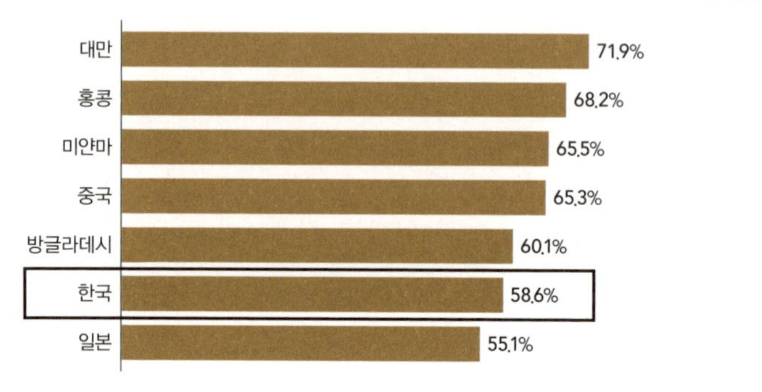

출처: 〈매일경제〉·마스터카드, 2014.

로 들어가지 못하기 때문에 미국처럼 혁신적인 기업을 일본에서는 발견하기 힘들다.

2014년 7~8월 아태 16개국의 여성 1만 2,574명을 대상으로 〈매일경제〉와 마스터카드가 조사한 위의 결과를 보면 알 수 있듯, 한국은 너무나 안타깝게도 금융문맹이 세계에서 두 번째로 심각한 나라다. 사람들은 내가 한국을 금융문맹국이라 이야기하면 "우리나라는 경제 규모나 금융 시스템이 선진국에 뒤지지 않는데 금융문맹국이라니요!"라며 기분 나빠한다. 하지만 금융문맹국인가의 여부는 해당 국가 금융기관의 규모나 금융 시스템과는 관련이 없다. 일반인들의 금융 이해도가 얼마나 되는지, 최소한 돈이 일하게 한다는 개념을 알고 있는 인구가 얼마나 많은지에 따라 결정되기 때문이다.

한국의 금융문맹률은 어느 정도일까? 구체적인 자료는 없지만 90%가 넘을 것이다. 내가 만난 사람 열 명 중 아홉 명 이상은 잘못된 금융지식을 가지고 있었다. 일본인들처럼 대부분의 자산을 부동산과 은행 예금으로 가지고 있고, 노후를 위해 아무런 준비도 하지 않으며, 원금보장의 늪에서 헤어나지 못하고 있었던 것이다. 이렇게 금융문맹에서 벗어나지 못한 90%는 계속 경제적인 어려움을 겪을 수밖에 없다.

더 마음 아픈 것은 돈에 대해 제대로 배워야 할 아이들까지 어른들이 금융문맹으로 만들고 있다는 사실이다. 언젠가 지방 초등학교 선생님 한 분이 아이들에게 경제 교육을 해주고 싶다며 내게 주식투자 강연을 요청했다. 나는 기꺼이 가겠다고 답하며 일정을 잡았다. 그러나 며칠 후 그 선생님이 다시 연락을 해왔다. '아이들에게 주식 같은 도박을 가르칠 순 없다'는 논리로 교장 선생님이 완강히 반대해서 강연을 취소해야 한다는 것이었다. 교장 선생님의 금융문맹이 어린 학생들의 미래를 잘못된 결과로 인도하는 안타까운 현실의 예였다.

금융문맹은 질병, 그것도 악성 전염병이다. 한 사람의 경제 상황을 망치는 것을 넘어서 주변 사람들에게까지 전파되어 그들을 가난에 빠뜨리고, 급기야 국가경쟁력까지도 갉아먹는 전염병 말이다.

이것이 금융문맹에 처한 한국의 현주소다.

금융문맹으로부터의 탈출은 그 어떤 것보다 중요하다. 이는 생각보다 어렵지 않고 거창한 이론도 필요 없는 일이다. 금융용어가 어려워 보일 수는 있지만 대부분은 상식적인 수준에서 벗어나지 않는다. 간단한 금융지식과 라이프스타일의 변화, 그리고 일상에서의 실천력만 있으면 금융문맹에서 탈출할 수 있다. 자본주의를 이해하고, 자본이 일하게 만드는 원리를 깨달으며, 복리의 메커니즘을 이해하고, 잘못된 지출을 줄여 투자로 이어질 수 있게 하는 용기가 필요한 것이다.

대한민국은 잃어버린 30년을 경험한 일본과 달라야 하고, 그들의 잘못된 길을 교훈 삼아 경제적 자유의 길로 나아가야 한다. 현재 90%에 이르는 금융문맹률이 획기적으로 낮아져 더욱 많은 사람이 경제적 자유를 얻어야 각각의 개인이 윤택해짐은 물론 나라도 부강해질 수 있다.

금융을 이해해야 부자가 된다

내가 아는 부자들은 자기 분야에서 성공한 것에 그치지 않고 금융을 이해한 사람들이다. 다음은 내가 살던 동네의 치과의사의 사례다. 그는 치과를 개업해서 많은 부를 쌓았지만 거기서 만족할 수 없었다. 환자 진료로 돈을 버는 것엔 시간적으로 한계가 있다. 아무리 열심히 해도 그 한계를 극복할 순 없음을 깨달은 그는 치과용 의료기기들을 수출하는 회사를 시작했다. 처음에는 멀쩡한 의사가 왜 사업을 하나 다들 의아해했지만 그는 의사로서 자신이 쌓아온 경험을 사업과 접목시켰고, 초기에는 어려움이 있었으나 나중에는 큰 부자가 됐다.

내가 일했던 라자드Lazard는 현재 금융회사지만 처음에는 미국의 골드러시 때 청바지 원단을 만들던 회사였다. 금을 캐는 것보다 청바지나 삽을 파는 것이 훨씬 큰돈을 버는 방법임을 일찍 깨달은 것이다. 마찬가지 원리로, 아까운 돈을 학원비로 낭비하는 것보다는 학원 주식을 사는 것이 훨씬 현명한 일이다.

한국에서 만난 어느 여성 CEO의 이야기도 너무 흥미롭다. 이분은 원래 남이 부러워하는 의사로 평안한 생활을 할 수 있었지만 회사를 설립하고 사장까지 맡아 어마어마한 부자가 되어 있다. 이러한 스토리는 너무나 많다. 성공한 사람들은 평범한 인생을 거부하고, 남이 아닌 자신을 위해 일한 사람들이다. 그리고 이들은 돈을 모으고 불리면서 금융을 잘 이해했다. 금융이란 쉽게 말해 돈을 모으고, 모은 돈을 일하게끔 만드는 방법이다. 그렇기에 어떤 분야에서 일하더라도 금융을 이해하고 자본이 효과적으로 일하는 방법을 깨달아야 한다.

여러분은 자녀가 어떻게 되길 원하는가? 거듭 말하지만 사교육비로 엄청난 돈을 소비하며 자녀들을 밤늦게까지 학원에 가두어두는 교육으로는 자녀가 성공적인 삶을 누리게 할 수 없다. 사교육비 대신 어렸을 때부터 주식을 사주고 금융인으로 키우는 훈련을 해야 한다.

국가적으로 보더라도 금융산업을 육성해야 한다. 그만큼 부가가치가 높기 때문이다. 모든 업종에서 혁신이 일어나고 사람들이 금융을 잘 이해할 때 대한민국은 엄청난 나라가 되어 있을 것이다.

직업 선택 시
당신은 돈을 중요한 가치로 보는가?

우리나라 대학생들의 선호 직업 1순위는 공무원이라는 통계를 보고 놀란 경험이 있다. 또 각종 공무원시험을 준비하는 젊은이가 44만 명이나 되고, 공무원시험 경쟁률은 매번 수십에서 수백 대 1에 달할 정도다. 모 기관에서 조사한 바에 의하면 60%에 가까운 대학생들이 공무원시험을 준비할 의향이 있거나 이미 준비 중에 있으며, 교사·공무원·국영기업체 직원 등은 자신이 희망하는 배우자 직업 순위에서 매년 상위권을 차지한다. 다행히도 최근에는 공무원이 되기를 원하는 젊은이들이 많이 줄었다고 한다.

반면 창업을 원하는 학생들은 극히 드물다. 중국에서는 대학생들의 40%가 창업을 원하는 데 비해 한국과 일본의 경우엔 각각

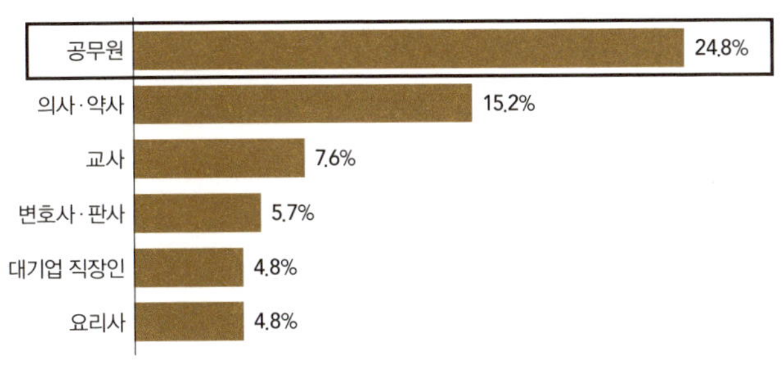

출처: 잡코리아

4%, 6% 정도에 불과하다. 그렇다고 내가 공무원이라는 직업에 대해 편협한 시각을 갖고 있다고 오해하지는 말기 바란다. 절대 그런 관점이 아니다. 다만 부자가 될 수 없는 직업인 공무원을 너무 많은 젊은이들이 선호하는 현상에 의아함을 느낄 뿐이다.

왜 공무원이 되기를 원할까? 아마 '평생직장' 개념이 깨짐에 따라 정년이 보장되는 공무원의 안정성이 부각되었기 때문일 것이다. 물론 해고될 걱정 없고 퇴직 후엔 연금도 나오니 좋게 생각할 수도 있다. 직업을 보는 관점은 저마다 다르니 어떤 직업을 선택하는 것이 더 좋다고 말하기란 사실 조심스럽지만, 직업 선택 시 가장 중요한 기준 중 하나가 돈이 되어야 하지 않을까 하는 생각은 든다. 단순히 해고 염려가 없다는 이유로 공무원을 선호하는 것은 돈의 중요성을 간과하기 때문이다. 공무원이 되면 해고될 걱정 없이 남들만큼은 살겠지만, 부자가 될 가능성 역시 없다. 경제독립의 실현과는 점점 멀어질 수밖에 없는 것이다.

'공부 열심히 해서 좋은 직장에 들어가 월급쟁이가 되는 것'을 잘사는 유일한 길이라고 착각하면 안 된다. 시험을 통해 얻은 직업으로 부자가 되겠다는 것은 실현 가능성이 지극히 낮은 생각이다. 한국은 전국 어디를 가도 학원들이 넘쳐난다. 시험으로 부자가 될 수 있다고 믿는 사람이 너무 많기 때문이다. 외국에서는 보기 힘든 광경이다.

시험에 합격하기 위해 모두들 학원으로 달려가면, 부자가 되는 것은 수험생이 아닌 학원 운영자들이다. 기업체들이 시험을 통해 직원을 뽑는 것도 나로서는 정말 이해하기 힘들다. 일을 잘하는 것과 시험을 잘 보는 것은 전혀 연관성이 없는데도 한국에서는 모든 것을 시험으로 해결하려 한다. 우리는 분명 21세기를 살고 있는데, 여전히 과거의 직업관과 채용 기준에서 벗어나지 못하고 있는 것이다. 내가 만난 한국의 부자들은 대부분 남들과 다른 생각을 할 줄 아는 사람들이다. 입시 학원에서 열심히 공부하고 좋은 학교에 들어가 대기업에 취직한 사람들보다 학원 원장님들이 훨씬 더 부자다. 내가 미국에서 일했던 라자드의 이야기는 유명하다. 아메리칸 드림을 믿고 1800년대에 프랑스에서 미국으로 이민을 간 라자드 형제들은 미국의 골드러시 때 엄청난 부를 이룰 수 있었다. 모든 사람들이 금을 캐서 부자가 되려고 모여들 때, 라자드 형제는 그런 이들에게 청바지 원단을 팔아 큰 부자가 되었다. 불황으로 취직이 어려웠던 1980년대의 미국에서 실제로 큰돈을 번 이들은 취직한 사람들이 아닌, 취직 방법을 주제로 책을 쓴 사람들이었다는 사실도 우리가 눈여겨볼 부분이다.

자본주의 사회에서는 월급만으로 부자가 된다는 게 거의 불가능하다. 노동과 시간을 제공해서 받는 월급은 한정되어 있고 확장성이 없다. 우리는 우리가 노동하는 시간에 자본도 일하게끔 해야 한다는 사실을 깨달아야 한다. 주식을 소유하는 것은 회사를 소유하는 것과 같다. 다시 말해 확장성이 있다는 뜻이다. 기업들의 주된 목적은 비용은 최소로 아끼고 수익은 최대로 늘려 이윤을 극대화하는 것이다. 회사 입장에서 월급은 비용, 즉 아껴야 할 대상이다. 그래서 직원들에게는 직장을 그만두지 않을 정도의 월급을 주고, 그렇게 아낀 돈으로 자본가의 재산은 증식한다. 월급만으로 부자가 되기 어려운 가장 간단한 이유가 바로 여기에 있다. 또 한 가지 중요한 사실은 돈은 24시간 일을 하지만 사람은 그렇지 못하다는 사실이다. 돈을 위해 일하지 않고 돈이 나를 위해 일하게 하는 것이 가장 현명한 방법이다. 자본주의 사회에 속한 우리는 자본주의가 자신과 어떤 관계에 있는지를 깊이 생각해야 한다. 자본주의는 이렇게 중요한 이슈인데도 이에 대해서는 가정에서도 학교에서도 가르쳐주지 않는다. 경제독립은 부자가 되기를 열망하고 자본주의를 이해하며 그 원리를 깨닫고 이용해야 이룰 수 있다.

미국 법대 졸업생들이 선호하는 직업 1위는 월스트리트의 대형 금융회사나 법무법인의 변호사다. 업무량이 엄청나긴 하지만 그에 따르는 엄청난 연봉을 받을 수 있기 때문이다. 그에 반해 가장 선호도가 낮은 직업은 검사다. 연봉이 너무 적기 때문이다. 직업 선택 시 돈을 가장 중요한 기준으로 삼는 것은 하나도 이상한 일이 아니다. 돈의 중요성을 깨달은 사람은 안정적인 고용에 큰 의미를 두지 않는다. 부자들은 자본가가 되길 열망하고, 월급쟁이에 머무는 삶을 거부한 사람들이다. 그러니 당연히 창업을 꿈꾸고, 창업이 어렵다면 돈을 많이 벌 수 있는 직업을 가지기 위해 끊임없이 노력한다. 부가가치가 높아 고소득이 가능한 직업을 선택하는 유능한 젊은 이들이 늘어날수록 국가적으로도 유리하다. 생산성이 높은 산업으로 자연스럽게 좋은 인력이 이동하게 되는 것이다. 개개인이 부자가 되어야 국가도 부자가 되기 때문이다. 그런데 이상하게도 한국에서는 부자가 목표라는 젊은이를 찾아보기 어렵다. 부자가 되고 싶다고 대놓고 말하면 천박하게 여기는 사회 분위기, 그리고 더 나아가 금융문맹이란 질병을 앓고 있기 때문이다.

한국에서는 부자들을 부정적으로 보는 시각이 존재한다. 부자에 대한 당신의 시각이 혹시 부정적이라면 당장 생각을 바꿔 부자의 길을 선택하고 부자가 되기를 열망해야 한다. 돈이 많아야 어려운 사람들도 도와줄 수 있고 국가를 위해 좋은 일도 많이 할 수 있지 않을까? 자신뿐만 아니라 자녀들도 부자가 되게끔 해주는 교육, 그것이 어떤 교육보다도 우선시되어야 한다. 유대인들은 부자가 되어야 하는 이유 중 가장 큰 것이 '어려운 동족을 도와주어야 하기 때문'이라고 가르친다고 한다.

미국인들은 부자 이야기를 좋아한다. 그 사람이 부자가 되기 위해 기울인 노력, 그 과정에서의 시행착오, 세상을 발전시킨 아이디어, 형성한 부를 가치 있게 쓸 수 있는 계획 등에 대해 관심이 많기 때문이다. 또한 자신의 부를 이용해 사회 발전에 큰 공헌을 하는 부자들이 미국에는 많다. 미국에서 '부자'라는 말은 단순히 돈이 많은 사람이 아니라 부자에게 기대되는 성품과 철학을 갖춘 사람이라는 뜻까지 포함한다. 이런 부자라면 목표로 삼을 만하지 않겠는가? 우리는 자녀들에게 시험을 잘 보고 싶다는 꿈보다 부자가 되고 싶다는 꿈을 갖도록 해주어야 한다. 여러분의 자녀들은 부자가 되어야 한다. 아주 큰 선한 부자가 되어야 한다. 미국처럼 엄청난 부를 축적한 사람들이 한국에서도 탄생해야 한다.

원금보장의
늪

"펀드에 가입했는데 20% 손해 봤어요. 앞으로는 절대 투자 안 합니다."

흔히 듣는 말이다. 많은 사람들이 투자를 하고 싶어도 원금손실이 두려워 투자를 꺼리게 된다고 이야기한다. 실제로 한국에는 원금보장이 되는 상품을 소개시켜 달라는 사람들이 너무나 많다. 대개의 이들이 원금보장이라는 늪에서 벗어나지 못하고 있는 것이다. 대부분의 노후자금이 이렇게 원금보장성 상품에 묶여 있으니 개인들의 자산은 효율적으로 일하질 못하고, 이는 장기적으로 경기침체를 가져오는 원인이 된다.

30년 전만 해도 미국은 제조업의 많은 분야에서 일본에게 밀리면서 국가경제가 일본에게 추월당할 것이라는 우려가 생겼다. 그러나 지금도 미국은 여전히 일본보다 우위에 있다. 일본과 미국의 결정적인 차이점은 무엇일까? 미국은 노동과 자본이 가장 효율적으로 일하는 방법을 택한 데 반해 일본은 종신고용을 신봉하고 돈이 일하게 하는 방법을 제대로 활용하지 못했다. 미국은 401(ĸ)라는 은퇴제도를 도입해서 직장인들의 수입의 일정 부분을 주식시장에 장기투자하게끔 유도했고, 그로써 그 자금이 창의적인 새로운 기업에 투자되는 선순환을 가능케 했다. 투자한 사람들은 투자를 통한 이익창출로 노후준비가 가능해졌고, 국가적으로는 경쟁력을 유지할 수 있게 하는 계기가 만들어졌다. 반면 일본의 경우는 축적된 자본이 은행 예금과 부동산에만 집중적으로 몰렸고 그 결과 지속적인 경기침체가 시작되었다.

그렇다면 한국은 현재 어떤 상황인가? 일본과 너무나도 비슷하게 대부분의 은퇴자금이 예금이나 부동산에 들어가 있으며, 사람들은 원금보장의 늪에 빠져 있다. 은퇴가 먼 훗날의 일임에도 사람들은 원금손실을 두려워한다. 그 결과 열심히 일해야 할 자본은 잠자고 있는 것과 흡사한 상태에 이르렀다. 일본이 30년 동안 해왔던 실수를 그대로 답습하고 있는 것이다. 아니, 어쩌면 오히려 일본보다 심하다고 볼 수도 있다. 장기투자로 운용되어야 하는 퇴직연금 가운데 주식이 차지하는 비중이 전 세계에서 금융문맹 1등 국가인 일본보다도 더 낮기 때문이다. 이러니 한국에서 노인 빈곤층이 계속 늘어나는 것은 당연한 일이다.

20년 혹은 30년 후 우리에게 닥칠 노후에 대비하기 위해 매일매일 여유자금을 만들고 그 돈으로 투자를 해야 하는 현 상황에서 원금보장이 무슨 의미가 있을까? 정말로 중요한 것은 은퇴할 시점의 자산 가치가 현재보다 얼마나 증가했느냐가 아닐까? 돈이 나를 위해 열심히 일하게 만들어야 한다는 점을 진정으로 깨달은 사람들은 단기적인 원금손실에 연연하지 않는다.

장기적인 관점에서 보면 은행 예금은 가장 위험한 자산이다. 예금에 머물러 있는 돈은 나의 노후를 위한 일을 전혀 하지 않기 때문이다. 시간이 갈수록 돈의 가치는 하락하지만 투자 가치는 상승하는 것이 자본주의의 기본 원리다. 장기투자로 거둘 수 있는 수익률이 은행 예금의 수익률보다 못한 자본주의는 존재 근거를 잃는다. 그럼에도 퇴직연금 자산의 대부분이 아직도 원금보장성 자산에 머물러 있는 것은 안타까운 일이다. 일본은 이런 면에서도 좋은 예에 해당한다. 금리가 마이너스인데도 국민들은 많은 자금을 은행 예금에 넣어두거나 부동산에만 투자함으로써 개인적인 불행뿐 아니라 나라 전체의 경제에 심각한 먹구름을 드리우는 우를 범하고 있다. 한국에서의 은퇴준비에 있어 가장 소중한 자산 중 하나인 퇴직연금 중 주식에 투자되는 자금의 비중이 일본보다 훨씬 낮은 이유는 한국인들이 '원금보장'이라는 깊은 늪에 빠져 있기 때문이다. 연금저축은 크게 연금저축보험과 연금저축펀드로 나누어져 있다. 연금저축보험보다 연금저축펀드가 노후준비를 위해서는 훨씬 유리하다. 하지만 연금저축의 90%가 연금저축보험에 가입되어 있다. 원금보장에 대한 잘못된 인식 때문이다.

'우리가 해야 할 것은 저축이 아닌 투자다.'

원금보장이라는 편견에서 탈출하기

한국에서는 금융상품에 가입할 때 많은 사람들이 원금보장 유무를 중요시한다. 원금이 보장되면 마음이 편하다는 이유에서다.

그런데 여기에서 우리가 간과하는 것이 하나 있다. 바로 시간이다.

한 달 후에 찾을 돈이라면 원금보장 여부가 중요하겠지만 5년, 10년, 20년 후에 찾을 돈이라면 이야기가 달라진다. 예를 들어 20년 후까지 원금을 보장해준다는 것은 굉장히 억울한 일이다. 그 기간 동안 가입자는 다른 기회비용을 포기해야 하기 때문이다. 가령 인플레이션율을 3%라고 가정한다면 20년 후의 실질적인 원금은 현재 원금의 55% 수준에 지나지 않는다. 안타까운 사실은 많은 사람들이 그 원금보장이라는 프레임에 갇혀 있다는 것이다. 한국인들은 퇴직연금의 대부분은 물론 55세 이후에 찾을 수 있는 연금저축도 대개 원금보장형 상품으로 가입해 있다. 하지만 10년 이상의 장기투자가 목적이라면 '원금보장이 최고'라는 편견에서 탈출해야 한다. 장기투자를 한다면 내 돈이 가장 열심히 일하도록 해야 한다. 큰 변수가 없다면 주식투자가 내 돈을 가장 열심히 일하게 만드는 방법이다.

불안과
보험

사람들은 흔히 보험을 안전장치라고 생각한다.

'배우자가 죽으면 어쩌지?'

'내가 암에 걸리면?'

'사고로 다치면?'

'치매나 장기 요양 상태가 되면?'

'내 연금은 충분할까?'

이런 불안을 덮으려는 마음에서 하나둘 보험에 가입하다 보면, 결국 매달 빠져나가는 고정비만 늘어나고 금융자산을 형성하기는 점점 어려워진다.

모든 위험을 보험으로 해결하려는 태도는 금융문맹의 전형이다.

보험은 가진 것을 지키는 도구일 뿐, 부를 형성하는 수단이 아니다. 자산을 형성하는 과정에서 발생할 수 있는 큰 위험에 대비하기 위해 최소한의 보험은 필요하다. 그러나 보험에 과도하게 가입하면 정작 자산을 불려야 할 돈이 보험료로 빠져나가 장기적으로는 자산 형성을 갉아먹는다.

따라서 올바른 접근은 기본적인 보장(생명·건강·재산의 필수 리스크)에 대해서는 보험을 활용하되, 나머지 위험은 자산을 꾸준히 형성하면서 스스로 대비하는 것이다. 이것이 진정한 의미의 자기보험Self Insurance이며, 금융문맹에서 벗어나 자산가로 성장하는 핵심 태도다.

자기보험Self Insurance 상태는 내가 내 위험을 스스로 관리할 수 있을 정도로 경제적 자립이 이루어진 상태를 말한다. 즉, 예상치 못한 사고나 질병, 손실이 발생하더라도 외부 보험사에 의존하지 않고 내 자산으로 충당할 수 있는 수준을 의미한다.

현명한 재무 전략은 불안의 모든 경우의 수를 보험으로 막으려는 것이 아니다.

- 큰 위험만 최소한의 보험으로 대비한다.
- 나머지는 투자와 저축을 통해 자기보험 상태로 간다.

보험 과잉 가입은 불안을 줄여주지 못한다. 오히려 자산을 빼앗아 간다.

진짜 해법은 최소한의 보험 + 꾸준한 자산 형성이다.

부동산에 대한 집착,
일본의 잃어버린 30년에서 배워라

상당수 한국인은 노후준비를 위한 가장 좋은 투자 방법으로 부동산을 꼽는다. 재산을 많이 축적한 유명 연예인이 빌딩이나 고가주택 등의 부동산을 샀다는 소식도 드물지 않게 언론에 보도되는데, 이런 뉴스를 접한 사람들은 그 연예인을 부러운 시선으로 바라본다.

주식투자에 거부감을 느끼는 사람이 많다는 점과 비교했을 때 부동산에 대한 한국인의 집착은 유별나다. 한국인은 부동산이 실물자산이기에 안전하며 앞으로 무조건 가치가 오른다는 확고한 신념을 갖고 있고, 주변의 지인이 보유하고 있던 부동산 값이 올랐다는 이야기를 들으며 그 믿음을 더욱 굳힌다.

부동산의 수익률은 정말 우리가 생각하는 만큼 높을까? 한국의 부동산 중에서도 가장 많이 오른 아파트, 특히 서울의 아파트 가격은 그간 얼마나 올랐을까? KB국민은행의 통계를 보면 1999년 1월부터 2019년 11월까지 20년 동안 전국의 아파트 가격은 168% 상승했고, 서울의 아파트는 이보다 더 높은 252%를 기록했다. 그렇다면 같은 기간 주가는 얼마나 올랐을까? 코스피 지수는 498포인트에서 2,162포인트로 568.5% 상승했고 한국 주식의 대표 격인 삼성전자는 같은 기간 3,354%가 올랐다. 서울의 부동산 가격이 세 배 오를 때 삼성전자의 가치는 34배가 뛴 것이다. 전통 기업인 LG

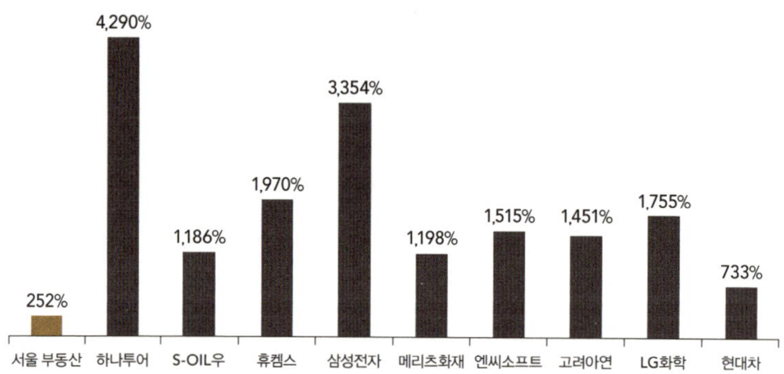

20년(1999년 1월~2019년 11월)간 아파트 가격과 주가의 상승률 비교

* 각 종목의 주가는 배당 등을 고려하지 않고 주가상승률만을 비교한 것임.
* 20년 이내 상장종목의 경우는 상장일 이후 수익률임.

출처: KRX, 국토교통부

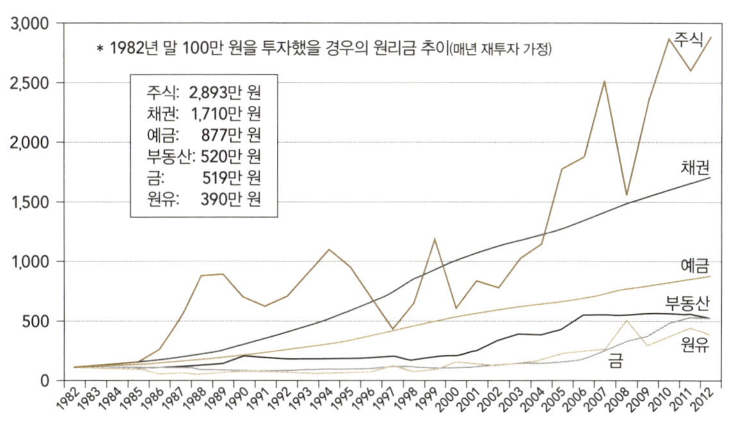

출처: 한국거래소

화학, 고려아연, 휴켐스의 주식은 각각 18배, 15배, 20배가 되었다. 또 2003년에 상장한 게임회사 엔씨소프트는 16배, 2011년에 상장한 하나투어는 무려 43배까지 올랐다.

장기적으로 보면 주식투자 수익률은 부동산투자 수익률보다 월등히 높다. 어느 기업에 투자하는가에 따라 원금의 수십 배도 벌 수 있는 것이 주식이다. 이유는 간단하다. 주식이 부동산보다 훨씬 더 열심히 일하기 때문이다. 부동산 가격은 대체로 인플레이션과 비슷하게 상승하지만 기업이 얻는 수익은 장기적으로 인플레이션보다 훨씬 높을 수밖에 없다.

이렇듯 주식투자 수익률이 부동산투자 수익률보다 더 높은데 왜 평범한 사람들은 투자를 반대로 선택하는 것일까? 부동산에는 호의적이면서 주식에 대해서는 부정적으로 반응하는 이유는 무엇일까? 전통적 관념 등 여러 이유가 있겠지만, 장기투자와 단기투자의 차이도 중요한 이유 중 하나일 것이다. 부동산은 당연히 장기투자 대상이지만 주식투자는 짧은 기간에 사고팔기를 거듭하는 것이라는 고정관념이 마음속에 자리 잡았기 때문이다. 그러나 주식도 부동산처럼 오래 보유하며 장기투자하는 대상이라는 인식이 생기면, 경제독립에는 주식투자가 훨씬 더 좋은 방식임을 알게 될 것이다.

나는 부동산 전문가가 아니기에 부동산 가격을 예측할 생각이 없다. 하지만 한국인의 자산에서 부동산이 차지하는 비율이 지나치게 높은 것은 큰 문제임을 지적하고 싶다. 이 점은 일본의 경우와 마찬가지로 개인의 경제독립, 더 나아가 국가경제의 발목을 잡을 수 있다. 우리는 일본의 부동산 버블과 잃어버린 30년의 고통을 교훈으로 삼아야 한다.

일본의 부동산 가격은 1983년부터 8년 가까이 치솟았고, 1991년부터 폭락하며 거품이 꺼졌다. 그때의 충격에서 회복되었다고 하는 지금에도 버블 직전 최고가의 40%에 미치지 않는다.

이후 일본의 가계는 자산 중 부동산의 비중을 줄였다. 부동산

자산이 위험하다는 사실을 직접적인 경험을 통해 깨달았기 때문이다. 1980년대에 60% 이상이었던 부동산 비중은 2013년 이후 30% 이하로 내려갔다. 그러나 그 뒤에 일본인들이 내린 선택은 바람직하지 못했다. 부동산 비중을 줄이는 대신 현금과 예금 등 현금성 자산의 비중을 60% 수준으로 늘린 것이다. 원금보장에 집착하

연도별 부동산 가격지수 (2005년 = 100 기준)

연도	분기	전체 부동산	주거용 부동산	상업용 부동산
1975	Q1	28.5	32.1	24.8
1980	Q1	35.2	38.5	31
1985	Q1	48.7	52.3	44.2
1990	Q1	78.9	85.2	71.5
1995	Q1	92.3	103.7	80.8
2000	Q1	98.5	114.5	82.1
2005	Q1	100	100	100
2010	Q1	89.2	82.3	96.1
2015	Q1	87.5	79.1	95.8
2020	Q1	88.6	80.5	96.8
2021	Q4	89.7	91.7	87.2
2022	Q4	101.1	95.8	106.5
2023	Q4	101.6	101.8	101.5
2024	Q2	103.4	103.5	103.2
2025	Q2	106.7	137.9	108.3

는 금융문맹이 빚어낸 현상이었다. 이런 경향은 평범한 사람들의 노후파산이라는 치명적 결과를 불러왔다.

2019년 6월 세계경제포럼WEF이 각국의 은퇴자금과 평균수명을 비교하여 발표한 자료를 보면 은퇴자금 고갈 후 미국 남성은 8.3년을 더 살지만 일본 여성의 경우엔 19.9년을 더 산다고 한다. 돈 없이 20년을 살아야 한다고 생각해보라. 끔찍하지 않은가? 미국과 일본은 왜 이런 차이를 보이는 걸까? WEF는 일본 근로자들의 은퇴준비 자금이 은행 예금 등의 자산에 머물러 있기 때문이라고 분석한다.

은퇴자금 소진 후 각 국가별 남녀의 추정 생존 기간

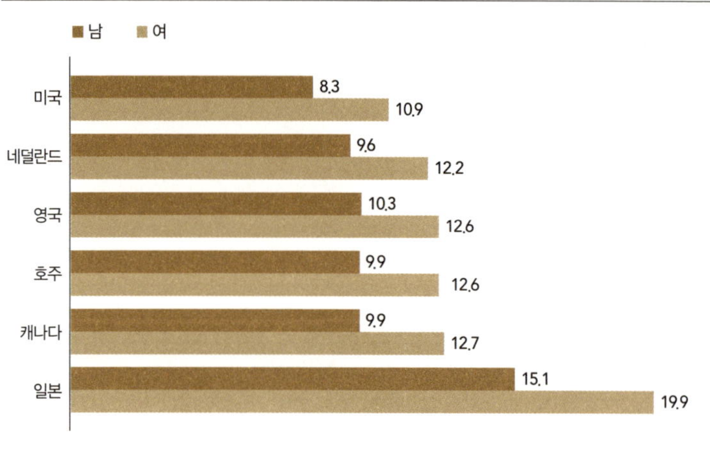

출처: 세계경제포럼, 블룸버그 재인용, 2019.

한국의 경우는 어떨까? 한국인의 자산 중 부동산 비중은 평균 70~80%에 달한다고 한다. 과거 일본 가계 자산의 부동산 비중이 최고였던 시기보다 더 높은 수준이다.

일본의 사례를 참고 삼아, 앞으로 한국의 부동산 가격이 하락하면 심각한 위협이 닥치고 극심한 고통을 겪을 수 있음을 깨달아야 한다. 이를 경계하며 심각하게 높은 부동산 비중을 하루빨리 정상화하고 균형을 잡아야 할 것이다. 그리고 부동산 비중을 줄인 만큼의 자금은 원금보장형 예금 등 일하지 않는 돈으로 묻어두지 말고 주식 등의 자산에 투자해야 한다. 그래야 일본과 다르게 갈 수 있다.

국가별 가계 자산 구성 비중

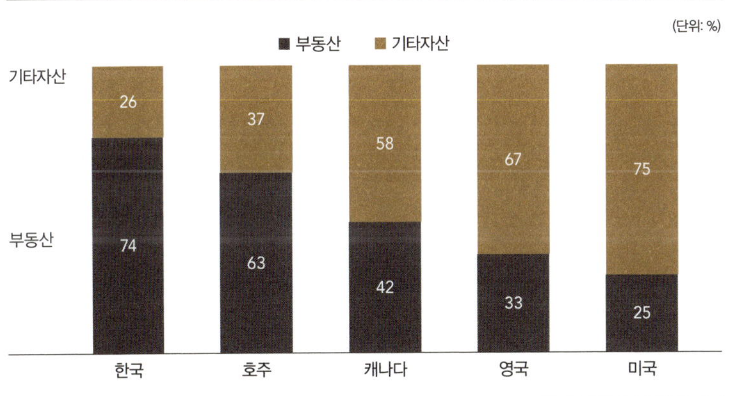

수익률 외에도 주식투자에는 부동산투자와 다른 장점이 더 있다. 그중 하나는 매일매일 적은 돈으로도 투자가 가능하다는 것이다. 부동산투자는 목돈을 필요로 하기에 매일 할 수 없음은 물론 담뱃값이나 커피값을 아낀 푼돈으로 할 수도 없다. 하지만 주식투자는 매일 지출을 아껴 마련한 적은 여유자금으로도 조금씩 해나갈 수 있다. 또한 갑자기 돈이 필요해져 현금화하려 할 때도 주식이 훨씬 유리하다. 환금성이 부동산보다 좋다는 뜻이다.

노후를 효과적으로 준비하려면 부동산에 대한 집착을 버려야 한다. 부동산 비율이 높아질수록 노후는 더 위험해질 수 있다. 그 대신 돈이 열심히 일하게 하는 최고의 방법인 주식투자의 비중을 높이기 위해 노력해야 한다. 다만 연령에 따라 주식 비중을 조절하는 것이 필요할 뿐이다.

주식에 대한
편견

대부분의 한국 사람들은 주식투자에 대해 극심한 편견을 가지고 있는 탓에, 은행에 돈을 맡겨두면 안전하고 주식에 투자하면 위험하다 여긴다. 그래서 누군가 주식투자를 하면 마치 '한탕을 노리는 사람' 혹은 '결국은 망해서 살림 거덜 낼 사람'으로 취급한다. 도박에 손대면 안 되는 것처럼 주식에도 손대면 안 된다는 이런 생각은 만연해 있다. 부동산을 샀다는 사람은 부러워하면서, 주식투자를 한다는 사람은 이상한 눈으로 쳐다본다. 부동산투자와 달리 주식투자에는 굉장한 거부감을 가지고 있는 것이다.

최근 나는 전경련 경제연구원의 초대를 받아 노후준비에 대해 강연하면서 장기적 주식투자의 필요성을 강조했다. 강연이 끝난

후 경제연구원장님이 흥미로운 말씀을 하셨다.

"다른 경제 강사님들은 주식에 투자하면 안 된다고 하는데, 대표님은 주식에 투자해야 한다고 하시네요."

경제를 잘 안다는 강사님들조차 주식투자를 반대하는 놀라운 현실, 이것이 바로 대한민국 금융문맹의 한 단면이다.

또 언젠가는 어느 대학교 주식 동아리의 초청을 받아 강연을 한 적이 있다. 놀랍게도 분명 주식 동아리였지만 동아리 회원 중 실제로 주식투자를 하는 학생들은 많지 않았다. 나는 어안이 벙벙해서 물었다.

"주식투자를 하지 않는데 주식 동아리에는 왜 가입했어요?"

"취직할 때 도움이 될 것 같아서요!"

주식에 대한 지극히 잘못된 인식은 이처럼 곳곳에서 보인다. 학식 높고 똑똑한 이들이 많은 대학교의 기금들도 주식 등에 투자되지 않고 은행 예금에 머물러 있다. 장기간의 저금리 기조 탓에 이자수익이 거의 없는데도 말이다. 여러 증권 방송사의 PD나 앵커들 대부분도 주식에 투자하지 않고 있는 것을 보며 나는 적잖이 놀랐다. 공직 후보자 청문회에서는 주식을 많이 보유한 것이 결격사유가 되는가 하면, 정치인들 간의 선거 토론에서도 한 후보자가 다른 후보자를 공격하면서 주식 보유를 문제 삼는다. TV 드라마에서도 "주식 때문에 망했어."라는 대사가 흔히 등장한다. 나는 TV 토크

쇼에 출연한 유명인사가 자신의 인생에서 가장 잘한 일 중 하나가 주식투자를 하지 않은 것이라고 자신 있게 말하는 장면을 보며 너무 놀란 적도 있다.

이런 상황이다 보니 개인들의 노후준비를 돕는 일을 하는 은행이나 보험회사 퇴직연금부서의 직원들조차 노후준비가 되어 있지 않은 경우가 대부분이다. 내가 메리츠자산운용의 CEO로 부임할 당시 메리츠자산운용의 직원들도 마찬가지였다. 금융사에 근무하는 사람들조차 잘못된 금융지식을 가지고 있다니 놀라지 않을 수 없었다.

모든 투자는 확장성을 기대하고 이루어진다. 기업에 투자하는 이유는 그 기업의 매출과 이익, 자산 등이 증가할 것이라 믿기 때문이다. 20년 전과 비교하면 대부분의 기업별 매출액이 열 배 혹은 100배 증가했음을 알 수 있다. 물론 매출액과 마찬가지로 회사의 자산도 엄청나게 늘어난다. 주식에 장기로 투자해야 하는 이유가 여기에 있다.

부동산의 경우는 주식에 비해 확장성이 없다. 50평짜리 아파트는 구입 후 20년이 지나도 절대로 100평이 되지 않는다. 다만 인플레이션의 영향으로 월세가 꾸준히 오를 것이라 예상되기 때문에 부동산 가격도 같이 오를 뿐이다. 장기적으로 주식투자의 수익률이 상승할 수 있는 이유는 이렇듯 부동산투자엔 없는 확장성 때문이다.

합리적인 주식투자가 부자로 가는 유일한 길임에도 상당수 한국인은 그 사실을 외면하는 데 익숙하다. 때문에 힘겹게 일해서 번 돈을 낭비성으로 소비하여 투자의 재원을 잃어버리는가 하면, 때로는 짧은 시간에 큰돈을 벌고 싶어 왜곡된 투자를 하다가 큰 손해를 보기도 한다.

전 세계의 큰 부자들은 어떤 사람들일까? 그들이 거부가 된 것은 그들이 소유하고 있는 주식의 가치가 올랐기 때문이다. 우리가 자랑스러워하는 한국 기업들의 거의 모두는 상장기업이고 그 주식들은 주식시장에서 거래되고 있다. 그럼에도 '주식에 투자하면 안 된다'는 인식의 근거는 대체 어디에서 찾아야 할까?

자본주의 사회인 미국의 기업들은 자본가와 노동자의 빈부격차를 줄이기 위해 직원들에게 주식을 나누어주기 시작했다. 노동과 자본이 골고루 일하게 할 기회를 직원들에게 부여하고자 했던 것이다. 노동력을 제공하는 노동자 역할만 맡았던 직원들이 주식을 소유하게 되면 회사의 주인인 자본가 역할도 하게 된다. 노동자로 월급을 받으면서 자본가로서 회사의 이윤도 공유하게 되는 것이다. 이를 통해 기업을 노동자의 시각뿐만 아니라 기업가의 입장에서도 볼 수 있다. 기업은 이윤을 극대화하기 위해 밤낮으로 일한다. 그 이윤을 함께 나누려면 주식을 하루라도 먼저 매입해야 하고 하루라도 오래 주식을 소유해야 한다.

한국 주식시장은 아직도 전 세계에서 가장 저평가된 시장 중 하나다. 다음의 표에서 알 수 있듯, 기업의 수익성에 대한 시장의 평가를 의미하는 주가수익비율PER은 한국의 경우 12배 수준으로 전 세계 평균인 16배보다 낮다. 자산가치를 평가하는 주가순자산비율PBR도 0.8배 수준인데, 이는 전 세계 평균인 2.2배의 절반에도 미치

연도별 PER·PBR(2010~2025년 Q3, S&P 500, MSCI World, KOSPI)

연도	S&P500 PER	MSCI World PER	KOSPI PER	S&P500 PBR	MSCI World PBR	KOSPI PBR
2010	15.3	14.5	10.1	1.9	1.6	0.95
2011	14.6	13.8	9.8	1.8	1.5	0.93
2012	15.8	15.2	10.2	2.0	1.7	0.98
2013	18.3	17.1	11.5	2.3	2.0	1.10
2014	17.4	16.2	11.8	2.2	1.9	1.12
2015	17.1	15.8	12.0	2.1	1.8	1.08
2016	17.9	16.5	11.9	2.2	1.9	1.05
2017	20.1	18.3	12.3	2.8	2.2	1.10
2018	17.2	15.8	10.8	2.4	1.9	0.95
2019	18.3	16.8	10.5	2.5	2.0	0.92
2020	20.5	18.5	13.2	3.1	2.3	1.15
2021	26.7	23.2	33.4	4.2	3.0	1.31
2022	17.8	16.2	10.1	2.8	2.1	0.75
2023	19.5	17.9	11.5	3.2	2.4	0.88
2024	22.8	24.3	12.8	5.5	2.9	0.95
2025 Q3	약 23.0	약 24.3	약 12.0	약 5.5	약 2.9	약 1.3

지 못하는 수치다.

미국의 경우처럼 한국에도 퇴직연금 등을 통해 주식시장에 끊임없이 자금이 투입되어 기업들의 성장에 밑거름이 되고 투자한 사람들 모두가 부자가 될 수 있는 토양이 마련되어야 한다.

정말로 위험한 것은 주식투자가 아니라, 오히려 주식투자를 하지 않는 것이다.

밸류 트랩

한국 주식시장에선 주가가 몇 년 동안 큰 변화 없이 많이 오르지도 않고 별로 떨어지지도 않는 상황이 지속되고 있다. PER이나 PBR 등의 지표를 다른 나라와 비교해도 한국 주식은 매우 싸다. 그래서 외국인 투자자에게 이 점을 이야기하면 그들은 한국 주식이 '밸류 트랩value trap'에 걸렸다고 말한다. 밸류 트랩은 '가치가 덫에 걸렸다'는, 그래서 더 이상 올라가지 않을 것이라는 의미가 포함된 부정적인 표현이다.

한국 주식이 저평가되는 것은 경영진의 경영 능력에 대한 불신, 지배구조의 불투명성 등의 문제 때문이다. 그러나 이런 문제는 한국의 기업 및 증권시장이 글로벌화되면서 많이 해소되었고 앞으로 더 나아질 것이다.

또한 현재 한국 주식시장이 저평가되는 이유 중 겉으로 드러나진 않지만 중요한 것 하나는 주식시장에 대한 한국 사람들의 부정적인 인식이다. 일반 국민 사이에서도 주식을 도박처럼 생각하는 문화가 팽배해 있고 국민연금이나 기업의 퇴직연금도 한국 주식에 투자하기를 주저한다. 개인이 보유한 은퇴 자산에서 주식이 차지하는 비중은 전 세계에서 가장 낮다. 미국이나 호주의 경우엔

50%, 우리가 무시하는 일본조차도 10%에 이르는데 한국의 경우는 2% 정도에 불과하다.

이런 것들이 한국 시장의 저평가를 유발하는 이유이긴 하지만 장기적으로는 해결될 것이라는 게 내 생각이다. 그래서 현재의 밸류 트랩 상황은 투자자 입장에서 보면 오히려 좋은 기회 요인이라 할 수 있다.

가치가 덫에서 풀려나는 상황을 '언록 더 밸류unlock the value'라 하는데, 한국 주식시장은 결과적으로 이 상태에 이를 것이다. 현재의 밸류 트랩 상황을 장기적 관점에서 봤을 때의 투자 기회로 판단해야 하는 이유다.

2장

YOU CAN

돈을 위해
일하지 말고
반드시
돈이 당신을 위해
일하게 하라

DO IT!

은퇴 후
50년을 위한 준비

많은 자자체와 기업들에서 강연 요청이 들어온다. 나를 초대한 분들은 은퇴를 앞둔 직원들에게 은퇴준비에 대한 조언을 해달라는 부탁을 한다. 강연을 할 때마다 안타깝게 여기는 것이 있다.

'왜 은퇴준비를 이제서야 할까.'

은퇴를 앞둔 분들에게는 특별히 도움을 주기가 힘들다. 이미 너무나 많은 세월이 흘렀기 때문이다. 미국에서 첫 직장인 회계법인에 취직했을 때 가장 먼저 한 것이 노후를 위한 펀드 가입이었다. 그 결과로 나도 노후준비를 할 수 있었다. 한국에서도 시급한 일은 노후준비를 일찍 시작하는 것이다. 노후를 앞둔 시점이 아니라 이젠 하루라도 빨리 실천해야 하는 것이다.

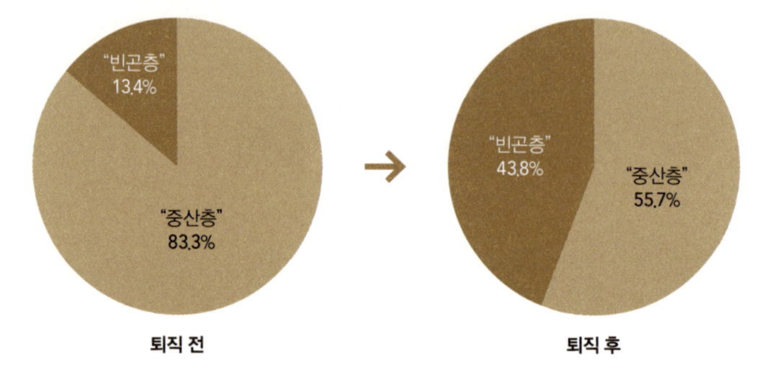

출처: 〈아시아경제〉

우리는 미래를 위한 옳은 선택을 해야 한다. 이를 위해선 일본의 실패 사례와 일본의 실패를 답습하는 한국의 노후빈곤 현실을 나의 일로 심각하게 받아들여야 할 필요가 있다.

퇴직 전 본인의 경제수준이 중산층이라고 생각한 사람들이 막상 은퇴를 하고 나면 자신들이 중산층이 아니라는 것을 깨닫게 된다.

이처럼 퇴직 전엔 스스로를 중산층이라고 믿었던 많은 이들이 퇴직 후엔 자신이 실은 빈곤층이란 사실을 너무 늦게 깨닫는다. 후회하기 전에, 또 은퇴 후가 아닌 은퇴 전부터 경제독립을 위한 준비를 미리미리 시작해야 하는 이유가 이것이다. 하루라도 일찍 노후 준비와 경제독립을 어떤 것보다 우선시해야 하고 라이프스타일의 과감한 변화를 이루어야 한다. 미비한 노후준비는 개인의 불행뿐 아니라 사회 전체의 문제가 되고, 더 나아가 국가경쟁력에도 심각한 영향을 끼치기 때문이다.

다시 강조하지만 노후준비를 위해서는 극심한 금융문맹에서 벗어나야 한다. 노동으로 벌어들인 돈을 자녀의 사교육비와 부자처럼 보이기 위한 소비에 다 써버리고, 노후준비를 할 재원이 남아 있지 않은 모순적 상황에서 빠져나와야 하는 것이다.

이를 위해서는 부모님들, 특히 엄마들이 달라져야 한다. 금융지식이 없는 엄마는 노년의 자신은 물론 자식들 또한 가난하게 만든다. 엄마들이 변하고 소비와 투자를 현명하게 이해한다면 온 가족의 풍요로운 경제독립을 이룰 수 있다. 중요한 것은 실천이다. 자녀들의 창의력을 망치는 사교육비를 투자로 전환하면 가족 모두의 경제독립과 여유로운 삶이 가능해진다. 복리의 마법을 이해하고 나면 자녀들에게 쓰는 사교육비가 얼마나 잘못된 소비인지 깨닫게 될 것이다.

'100세 시대'라는, 인류 역사에 없었던 시대를 살아갈 우리는 은퇴 후 50년을 위한 설계를 해야 한다. 가장 중요한 것은 노후준비를 위한 재원 마련이다. 예전보다 20년 이상 수명이 늘어난 지금은 부모를 부양해줄 자녀들의 수도 대여섯 명이었던 과거와 달리 한두 명으로 줄었다.

자녀들의 경제상황 또한 만만치 않다. 인간의 노동력을 기계가 대체할 가능성이 높아지는 미래에는 없어지는 직업도 많을 것이고, 개개인의 능력 차이에 따라 부의 격차 또한 벌어질 것으로 예상된다. 이런 상황에서 자녀들이 부모의 노후에 경제적 도움을 줄 가능성은 아주 희박하다. 세상은 너무나 빠르게 변하고 있다.

여러 분야에서 엄청난 변화를 보이는 한국임에도 절대 변하지 않고 있는 한 가지 분야가 있다. 바로 교육 시스템이다. 한국은 100년 전, 200년 전의 교육 시스템을 지금도 고수 중이다. 과거시험에 합격해서 관직에 나아갔던 것은 수백 년 전의 일임에도, 현재 한국인들은 열심히 공부해서 좋은 대학을 다닌 뒤 공무원이 되거나 대기업에 취직하는 것이 성공의 길이라고 철석같이 믿고 있다. 이런 잘못된 믿음 때문에 각 가정은 자녀들의 사교육비로 자본을 탕진하는 엄청난 잘못을 범한다. 부모의 노후준비, 자녀들의 경제 독립을 위해 투자로 쓰여야 할 자금이 쓰레기통에 버려지는 셈이나 마찬가지인 현상이 한국에서는 당연시된다. 이런 상황이니 부모님뿐 아니라 자녀들의 가난이 대대로 이어질 수밖에 없다.

1975년 미국은 401(K)라는 기업 퇴직연금제도를 도입했다. 이는 회사가 매월 일정액의 퇴직금을 적립해주면 직원 개인이 그것을 독립적으로 운용하는 제도다. 401(K)는 근로자들의 장기적 주식투자를 획기적으로 촉진하여 많은 중산층을 양산했고, 국가 역시 국민들의 노후지원을 위한 재정 부담을 줄일 수 있었다. 한국도 퇴직금 제도를 퇴직연금으로 전환하여 근로자 노후대비의 교두보를 마련하였다. 하지만 운용에 있어서는 미국의 401(K)와 전혀 다른 양상을 보인다. 401(K) 덕에 미국에선 퇴직연금이라는 양질의 자금이 주식시장에 투입되어 많은 새로운 기업들을 탄생시켰다. 401(K)는 장기적인 노후자금이기 때문에 주식에 많이 투자되는 반면, 한국의 퇴직연금은 주식투자 비중이 지극히 낮고 대부분 원금보장의 늪에서 빠져나오지 못하고 은행 예금이나 채권에 들어가 있다.

뒤에서 자세히 살펴보겠지만 한국의 퇴직연금은 확정기여형DC, Defined Contribution과 확정급여형DB, Defined Benefit으로 나뉜다. 확정기여형은 정해진 금액을 회사가 연금으로 지급하고 그 운용을 근로자 개인이 하는 것이다. 이와 달리 확정급여형은 퇴직 시 받을 연금 급여액을 미리 정해놓고 회사가 주식이나 채권 등에 적립금을 투자하여 직원들의 퇴직금을 마련하는 방식으로 과거의 퇴직금 제도와 비슷하다.

퇴직연금제도 도입 뒤 많은 시간이 흘렀지만 아직도 이 제도의 운용은 제대로 정착되지 못한 상태다. 금융교육의 부재로 근로자들 대부분은 퇴직연금에 대한 이해도가 심각하게 낮아서, 자신의 퇴직연금이 DB형인지 DC형인지조차 잘 모른다. 또한 대개의 기업들도 DB형만을 채택하고 있다. 변동성에 대해 기업과 근로자들이 갖는 두려움 때문에, 열심히 일하지 않는 채권이나 은행 예금에 퇴직연금이 머물러 있는 것은 무척 안타까운 일이다.

한국의 퇴직연금에서 주식이 차지하는 비중은 안타깝게도 OECD 회원국 중 가장 낮은 수준이다. 투자에 따른 부의 창출 속도보다 연봉 증가 속도가 훨씬 빠르지 않다면, 한국의 퇴직연금은 장기적 주식투자 중심의 확정기여형 위주로 전환됨과 더불어 연금자산 내에서 주식이 차지하는 비중도 지금보다 훨씬 높아져야 한다. 이는 근로자 개인의 노후준비는 물론 기업, 그리고 국가의 경쟁력 제고의 면에서 반드시 필요한 일일 뿐 아니라 자식 세대와 국가

OECD 주요국의 퇴직연금 자산에서 주식이 차지하는 비중

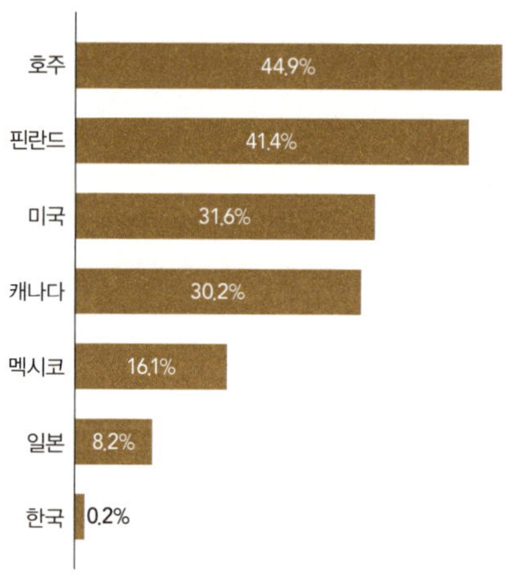

출처: OECD 연금금융실, 2018.

의 부담을 줄이는 차원에서도 바람직한 일이다.

퇴직연금과 별개로 한국에는 노후준비에 아주 좋은 제도가 있다. 개인들이 개별적으로 가입할 수 있는 '개인연금저축' 제도가 그것이다. 연금저축계좌를 통해 1년에 600만 원 한도까지 납입하는 개인은 세금을 환급받을 수 있다. 또한 1,800만 원까지의 세금 혜택도 받을 수 있는데, 이는 미국의 401(K) 제도가 제공하는 혜택보다 훨씬 더 크다. 한국의 개인연금저축 제도는 55세까지의 의무 가입 조건 때문에 노후준비에 매우 적합하고 세제 혜택 면에서도 월등히 유리하므로 반드시 가입해야 한다.

이러한 개인연금저축에는 두 가지 종류가 있다. 보험회사를 통해 가입하는 연금저축보험과 증권회사 등을 통해 가입하는 연금저축펀드가 그것이다. 장기적으로 보았을 때 연금저축펀드가 여러 면에서 연금저축보험보다 훨씬 유리하다. 그런데 현재 개인연금저축 가입자 대부분은 연금저축보험을 선택하고 있다. 원금보장의 늪에 갇혀 있기 때문이다. 장기적인 노후대책의 수단으로는 연금저축펀드로 전환하는 것이 훨씬 바람직하다.

노후빈곤은 이미 현실로 닥쳐온 우리 사회의 가장 심각한 문제 중 하나이자 개개인 모두의 눈앞에 닥친 현실이다. 제대로 된 노후준비는 소비와 저축, 투자철학, 습관, 관행을 극적으로 바꿔야 가능하다. 우리는 노후빈곤이 아닌 경제적 자유의 길로 나아가야 한다.

희망적인 사실은 이것이 누구나 할 수 있는 일이란 것이다.

우리의 부는 '노동'과 '투자'라는 두 가지 영역에서 창출된다. '노동'은 일상생활과 관련이 있으며 현재지향적이다. 반면 '투자'는 미래에 부자가 되는 것을 목표로 하고, 장기적이며 미래지향적 성격이 강하다. 부를 이루려면 '노동'으로 벌어들인 자원 중 일부를 '투자'해야 한다. 그래야 미래의 부를 형성해나갈 수 있기 때문이다. '노동'으로 번 돈을 모두 쓰기만 하고 '투자'에 배분하지 않으면 미래의 부는 절대 형성되지 않는다.

자본가는 자본을 제공하고 노동력을 구매해서 재화나 서비스를 제공하는 사업으로 이윤을 얻고, 주주 자격으로 배당과 주가 상승

자본가와 노동자가 돈을 버는 구조

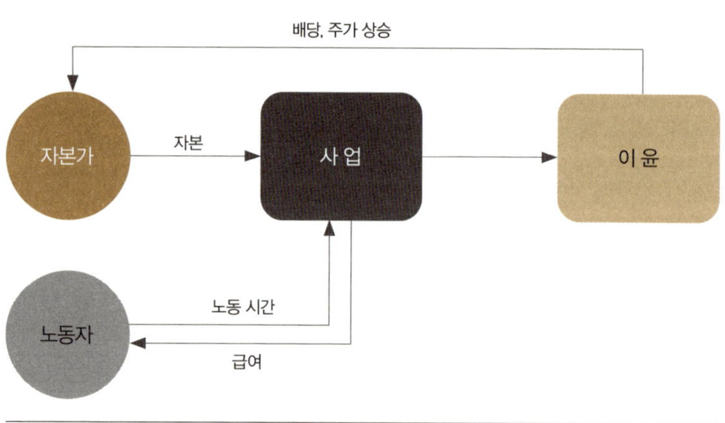

116

을 통해 돈을 번다. 그에 반해 노동자는 자신의 시간과 노동력을 제공하고 그 대가로 오로지 급여만 받는다.

다행스러운 사실은 자본가와 노동자 중 하나만 선택해야 하는 것은 아니라는 것이다. 자본가가 일해서 급여를 받으면 자본가인 동시에 노동자가 되고, 노동자가 일해서 받은 급여를 투자하면 노동자인 동시에 자본가가 되기 때문이다.

많은 사람들이 자본가는 계속해서 자본가로만, 노동자는 평생 노동자로만 머물러야 한다고 생각한다. 노사 간에 갈등이 생기고 그것이 해결되지 않는 이유는 노동과 자본이 구조적으로 협력 관계가 아닌 대립 관계에 있는 것이란 편견 때문이다. 그러나 노동과 자본은 협력할 때 시너지가 발생한다. 노동자와 자본가도 마찬가지다. 노동자인 동시에 자본가일 때 우리는 가장 효과적으로 경제 독립을 이룰 수 있다.

외국의 많은 기업들은 회사에서 직원들에게 주식을 나누어주거나 또는 일정 부분을 낮은 가격에 매입할 수 있는 기회를 제공한다. 노동력과 시간을 제공한 대가로 임금을 받는 것이 직원이지만 그와 동시에 자신이 그 회사의 주인이라는 인식을 갖게 하기 위함이다. 바로 이러한 주인의식이 회사를 혁신하는 원동력이 되고, 노동자로 하여금 회사를 자본가의 입장에서 바라보게 한다.

우리는 자본과 노동이 같이 일하게 만드는 것에 대한 교육을 아이들이 어릴 때부터 학교에서 받게끔 해야 한다. 주식투자를 통해 자본가가 될 수 있음을 깨달은 아이들은 노동과 자본에 대한 균형적인 시각을 가질 수 있기 때문이다.

한국에서는 대개 좋은 직장에 취직만 하면 경제독립을 이룰 있다고 생각하고 아이들에게도 이렇게 가르치지만 이는 큰 착각이다. 자본주의 환경에서 경제적 독립을 이루려면 자본가가 되라고 가르치는 편이 훨씬 좋다. 자본가가 되는 가장 빠르고 확실한 방법은 창업이지만, 창업 외에 주식투자를 통해서도 자본가가 될 수 있다는 점을 인식했으면 한다.

자본가가 되는 것은 실질적으로 부의 배분 측면에서도 의미가 크다. 최근 한국은행이 발표한 노동소득분배율을 보면 한국의 평균치는 60%다. 노동소득분배율이란 일반적으로 국민소득 중 노동에 분배되는 비율로, 기업으로 보면 영업이익과 인건비를 더한 총부가가치 중 인건비가 차지하는 비중을 의미한다. 노동소득분배율이 60%라는 것은 기업이 벌어들인 이익 중 60%가 노동자에게 돌아가고 나머지는 주주의 몫이 된다는 뜻이다. 우리나라의 총근로자 수가 2,000만 명인 데 반해 주식에 투자하는 인구는 560만 명에 불과하고, 그중 실질적으로 재산의 상당액을 주식에 투자하는 수는 훨씬 적다. 이 말은 곧 기업 이익의 40%를 소수의 자본가가 가져간다는 의미다. 그뿐만 아니라 자본가들인 경영진은 연봉도 일반 근로자에 비해 훨씬 더 높다는 점까지 고려하면 노동자의 몫은 더욱 줄어듦을 알 수 있다. 경제독립은 자본가가 되지 않고는 불가능하다는 사실, 이것이 주식을 보유해야 하는 가장 근본적인 이유다.

한국인들 대부분은 노동만 중시하는 삶을 영위한다. 미래의 부를 만들어줄 '투자'의 중요성을 인지하지 못한 채 살아가는 것이다. 그 결과가 바로 빈곤한 노후다. 돈을 위해 일하지 말고 돈이 자신을 위해 일하게끔 해야 한다는 점을 반드시 명심해야 한다. 외국 사람들에 비해 한국 국민들이 노후에도 은퇴하지 못하는 것은 바로 '돈이 나를 위해 일하게 해야 한다'는 사실을 간과하기 때문이다. 이는 노인층의 빈곤율, 자살률이 높은 원인과도 동일하다.

노동과 자본의 유연성

우리나라 사람들은 근면성실한데 왜 IMF 같은 경제위기를 겪었을까? 여러 이유가 있겠지만 그중 하나는 노동과 자본의 유연성의 부족이다. 경제가 성장하면 부가가치가 높은 새로운 산업이 나타난다. 과거에는 농업이 최고의 고부가가치 산업이었다. 그러다 산업화가 진행되면서 제조업으로, 그다음에는 서비스 산업으로 부가가치가 이동했다. 경제발전에 따라 점점 더 부가가치가 높은 쪽으로 산업구조가 변화한 것이다. 고부가가치 산업으로 자본 투자와 노동이 이동하는 이 과정에서, 경쟁력이 없어 도태되는 산업은 자본과 인력의 투자가 줄고 회사가 망하거나 노동자들이 직업을 잃게 된다. IMF 때를 돌이켜보면 세상이 변하는 중에도 자본과 노동은 옛날에 머물러 있었다. 종신고용이 당연시되는 문화가 팽배했고 자본도 부가가치가 낮은 전통 기업에 대한 투자에서 벗어나지 못했다. 당시 우리나라는 빚을 내어 사업하는 상황에서 저부가가치 산업에 투자해 투자효율이 점점 더 나빠졌었다. 노동도 부가가치가 낮은 곳에서 높은 곳으로 이동해야 하는데 종신고용이라는 이유로 한곳에 머물면 도태되기 쉽다.

때문에 자본이 좀 더 부가가치가 높은 곳으로 옮겨갈 수 있는 시스템이 중요하다. 일본의 경우 새로운 고부가가치 산업으로 노동과 자본이 이동하기 어려운 문화 때문에 경제가 정체되고 지속적인 하락세를 겪을 수밖에 없었다. 그래서 노동과 자본의 유연성이 중요한 것이다. 과거에는 많은 노동력으로 부가가치를 창출했던 기업이 시대의 변화 때문에 그런 경영을 지속하기가 어려워지면, 개인에게는 큰 고통일 수 있으나 해고라는 과정이 불가피하다. 그러므로 이러한 상황에 대비하여 사회적인 합의 및 해고자에 대한 재고용 시스템이 갖춰져야 할 것이다. 미국에선 금융회사의 경우 여느 때처럼 출근했는데 회사 출입이 제지되고 해고 사실을 통보받는 경우도 있다. 이런 노동시장의 유연성 덕에 미국의 단위당 노동강도나 생산성은 매우 높은 편이고 인력의 경쟁력도 높다. 한국역시 현재보다 노동과 자본의 유연성이 점점 높아지는 방향으로 변화되어야 하고, 그에 맞도록 개개인의 라이프스타일을 바꾸는 것이 중요하다. 월급에만 의존하는 노동자에 머무는 것이 아니라 수입의 일정 부분을 투자함으로써 자본을 효과적으로 일하게 하는 것이다.

한국에서는 나를 위해 돈이 열심히 일하도록 만들어야 한다는 생각을 가진 사람들보다는 정반대의 극단에 서 있는 사람들이 대부분이다. 투자와 투기를 구분하지 못하는 이들이다. 투기하는 이들은 단기 급등에 따른 일확천금을 노리고, 비슷한 생각으로 주식 투자에서도 단기 매매에 집착한다. 소위 말하는 재테크라는 용어에는 단기적으로 이익을 추구한다는 의미가 함축되어 있다. 그러나 경제독립, 즉 노후준비는 하루아침이 아닌 매일매일 조금씩 이루어지는 일이다. 처음엔 별로 티가 나지 않지만 세월이 지나면 숲을 이루는 것과 같다는 점에서 이는 마치 나무를 심는 것과도 비슷하다. 변화무쌍한 세상에서 무수한 변수를 통제하며 단기적 결과를 예측하는 신통력을 지닌 사람은 존재하지 않는다. 일확천금의 기술, 돈 불리는 테크닉 같은 것이 따로 있을 리 없다. 투기적이거나 단기적인 재테크로는 대개 좋은 결과를 만들 수 없다. 물론 운이 좋으면 잠깐 이익을 볼 수야 있지만 이런 일이 매일같이 이어지기란 불가능하다. 도박과 투자의 차이점이 바로 여기에 있다. 부자가 되는 것을 운에만 맡기는 것은 어리석은 일이다.

부를 형성하는 최고의 방법은 돈이 스스로 일하게 하는 방법을 깨닫는 것이다. 다시 강조하지만 사람이 노동을 통해 벌 수 있는 돈에는 한계가 있다. 노동력은 일할 수 있는 시간이 한정되어 있기 때문이다.

하지만 돈은 잠도 안 자고 피곤한 줄도 모르며 계속해서 일할 수 있다. 내가 어떤 기업의 주식을 가지고 있다면 그 회사의 직원들은 내가 쉬거나 자는 동안에도 나의 노후를 위해 열심히 일한다. 내가 투자한 그 회사의 임직원들은 땀 흘려 제품을 생산하며 돈을 벌어 주고, 전 세계 매장에서는 그 회사의 상품이 팔려나간다. 그 기업이 얻는 이윤의 일부는 내게 배당금으로 지급되고, 그 기업이 성장하면 내가 갖고 있는 주식의 가치도 상승한다.

부라는 것은 이처럼 돈이 스스로 일해서 불어나는 시스템을 통해 형성된다. 훌륭한 기업을 선택하여 투자했다면 기다림을 양분으로 삼아야 한다. 이런 기업들은 낭중지추, 즉 주머니 속의 송곳과도 같아서 시간이 지나면 반드시 가치를 드러내기 마련이다. 또한 시간의 힘을 이용한 장기투자를 통해선 이자에 이자가 붙는 복리 효과를 톡톡히 누릴 수 있다. 10년, 20년간 수익이 누적되면 가치가 엄청나게 불어난다는 뜻이다.

최근 뉴스에서 나는 기업 배당의 90%를 10%의 국민이 독점한다는 통계를 보았다. 나머지 90%의 국민은 주식을 갖고 있지 않다는 뜻인데, 이는 곧 주식을 보유한 10%는 계속 부자가 될 것이고 90%는 평생 돈으로부터 자유롭지 않은 삶을 영위할 것임을 뜻한다. 자본가가 된 사람, 즉 자본이 일하게 하는 원리를 깨닫고 실천한 사람은 더 큰 부자가 되는 데 반해 그렇지 못한 사람은 사교육이나 겉치레를 위한 소비로 자본을 탕진해 점점 더 가난해진다. 한쪽에 있는 사람들은 자신의 큰 눈덩이를 더 크게 굴리고 있는데

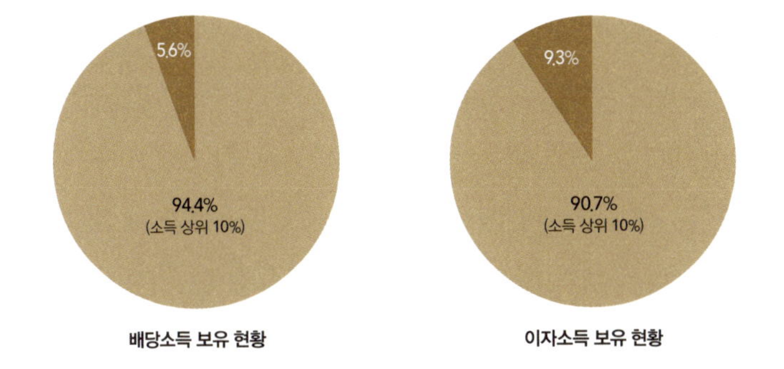

출처: 〈경향신문〉, 2016.

그와 반대쪽의 사람들은 눈길에 미끄러져 추락하고 있는 것이다.

같은 직장에서 똑같은 월급을 받으며 사회생활을 시작한 두 사람이라도 각자 어떤 선택과 실천을 하느냐에 따라 미래가 극적으로 달라질 수 있다. 월급 중 일부로 좋은 기업의 주식을 꾸준히 사서 장기투자한 사람은 자본이 일하는 시스템을 구축하여 자산을 더 크게 늘릴 수 있는 반면, 소비에 돈을 탕진하거나 투자를 전혀 하지 않은 사람들은 빈곤한 노후를 맞이하게 된다. 1년 후 정도엔 큰 차이가 없다 해도 5년쯤 지나면 둘의 차이는 눈에 띄고, 10년쯤 지나면 그 간극이 크게 벌어진다. 더 많은 시간이 지난 20년, 30년 후에는 되돌릴 수 없을 정도로 부의 격차가 생길 것이다.

앞서 말했듯 미국은 401(K)와 같은 제도를 통해 직장인들이 주식을 보유하고 이것으로 노후준비를 하도록 유도한다. 미국의 직장인들은 이렇게 노동자인 동시에 자본가가 된다. 한국에도 미국의 401(K)처럼 퇴직연금제도가 있다. 하지만 이 두 제도는 운용 방식이 완전히 다르다. 가입자들의 인식이 다르기 때문이다. 401(K)는 노후를 위해 월급의 10분의 1을 펀드에 투자한다. 대신 정부는 투자한 금액에 대한 세금을 59.5세까지 유보해준다. 이에 더해 기업은 해당 직원의 노후준비를 돕기 위해 투자 금액의 일정 부분(50~100%)을 보태준다. 해당 직원은 투자한 돈을 59.5세가 될 때까지 찾지 못하지만, 그 전에 급한 자금이 필요한 경우엔 투자금을 담보로 대출을 받을 수 있다.

이러한 제도는 여러 의미를 지닌다. 개인적으로는 세제 혜택과 고용주의 배려로 노후를 준비할 수 있고, 국가적 차원에서 보면 근로자 급여의 일정 부분이 주식시장에 투자됨으로써 많은 혁신적인 기업이 탄생할 수 있다. 또한 그 과실을 많은 사람이 나누는 선순환이 이루어진다. 미국 퇴직연금에서 주식이 차지하는 평균 비중은 약 50% 정도다. 401(K) 덕분에 최근에는 많은 월급쟁이들이 백만장자의 대열에 들어서게 됐다. 강제적으로나마 국가가 국민들에게 노후준비를 하게 한 것에 따른 결실이다.

그러나 한국은 퇴직연금에서의 주식 비중이 2% 정도로 세계 최하위다. 한국 퇴직연금의 대부분은 DB형에 머물러 있고, DC형에 있다 하더라도 대개 원금보장형 상품에 투자된 상태다. 많은 직장인들은 자신의 퇴직연금이 어떻게 운용되고 있는지 관심조차 없다. 한국의 퇴직연금이 대부분 원금보장형에 머물러 있다는 사실은 심각한 문제다. 이런 현상은 원금손실을 극도로 무서워하는 잘못된 금융지식에서 기인한다. 한국 사람들은 장기 수익률을 따지는 것이 아니라 원금보장을 해주는 상품을 선호하고, 노후를 위한 거의 유일한 대비책인 퇴직연금의 원금이 단기적이나마 손실되면 큰일 나는 것으로 생각한다. 논리적으로야 그럴듯하지만 이는 지극히 잘못된 판단이다.

돈의 가치는 시간이 갈수록 떨어지기 때문에 원금보장에 집착하는 것은 아무런 의미가 없다. 특히 퇴직 시점까지 많은 시간이 남아 있는 사람은 당연히 주식 비중을 높여야 한다. 20년 혹은

한국 퇴직연금 자산의 유형별 분포

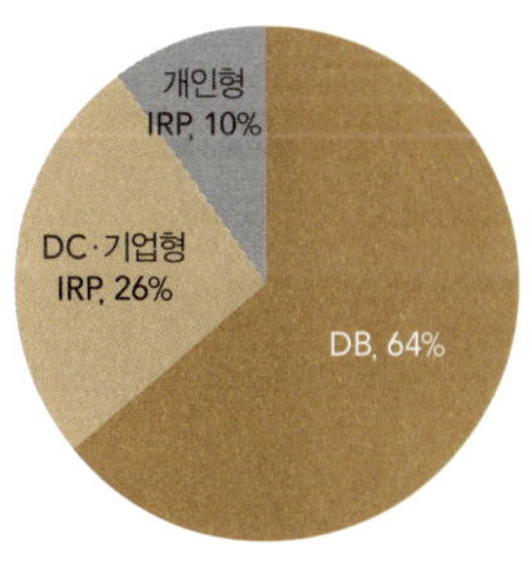

출처: 금융감독원 연금금융실, 2018년 말 기준

30년 후에 원금이 보장될지 걱정하기보다는 얼마나 크게 불어날 것인가를 기대해야 한다. 원금보장은 다시 말해 돈이 일하지 않게 한다는 것과 같은 의미다.

만약 나의 노후자금이 주식이나 주식형 펀드에 투자된다면 20~30년 후에는 엄청나게 불어날 가능성이 크다. 자본주의가 작동하고 있다면 당연한 일이다. 그런데 원금손실을 두려워해서 노후자금을 은행에만 머물러 있게 한다면 20~30년 후 절대 금액은 변하지 않겠지만 그 돈의 가치는 현저하게 줄어들 것이다. 이는 현명하지 못한 결정이다. 이러한 원금보장의 굴레에서 벗어나는 것은 금융문맹 탈출의 최우선 과제다.

월급만으로는 부자가 될 수 없다. 노동자인 동시에 자본가가 되어 자본이 일하게끔 만들어야 경제적 자유를 누리는 부자가 될 수 있다. 하루라도 빨리 원금보장의 늪에서 벗어나야 한다. 시간이 지날수록 차이는 더 크게 벌어질 것이기 때문이다.

퇴직연금과는 별도로 미국의 상장법인 대부분은 직원들의 노후준비를 돕고자 직원들에게 회사 주식의 15% 혹은 20%를 시가보다 저렴하게 매입할 수 있는 권리를 부여한다. 대신 장기적으로 보유해야 한다는 의무를 지운다. 직원들은 당연히 돈을 아껴 주식을 사려고 할 것이다. 미국의 어느 대기업 임원 한 명은 내게 "전 세계에 있는 많은 우리 직원들이 회사의 이런 프로그램을 이해하고 기꺼이 회사 주식을 매입하는데 유일하게 한국인 직원들만 호응하지 않는 것이 신기하다."는 이야기를 귀뜸해주었다. 주식에 대한 편견, 금융교육의 부재는 이처럼 심각하게 우리를 빈곤에서 벗어나지 못하게 한다.

결론적으로 은퇴 후 50년의 경제독립을 위해서는 하루라도 일찍 투자를 시작하고 돈이 일하게 하는 구조를 이해해야 한다. 잘못된 소비를 투자로 전환함과 동시에 원금보장에 솔깃해 잘못된 편견의 늪에서 벗어나 자산의 일부를 주식에 반드시 투자해야 한다. 더불어 자신이 보유하고 있는 퇴직연금의 현 상태를 점검하고 주식투자 비중을 늘려야 한다. 퇴직연금은 나의 은퇴준비를 위해 가장 열심히 일해야 할 자산이기 때문이다.

금융문맹

"문맹은 생활을 불편하게 하지만 금융문맹은 생존을 불가능하게 만들기 때문에 무맹보다 더 무섭다."

– 앨런 그린스펀(미국 연방준비제도이사회 의장)

금융문맹financial illiteracy이란 금융이해력이 낮은 사람을 일컫는다. 금융이해력은 일상적인 금융생활에 필요한 금융지식 및 이에 대한 이해를 바탕으로 실천에 옮기는 의식 수준이다. 한국은행과 금융감독원의 「2018 전국민 금융이해력 조사」에 따르면, 만 18~79세인 한국 성인들의 금융이해력(금융지식, 금융행위, 금융태도)은 모두 OECD 평균보다 낮은 수준을 기록했다. 1990년대 미국에서는 경제가 사상 최고의 고성장을 지속했음에도 개인 파산과 부채가 급증하는 등 사회문제가 심화되었다. 이에 돈의 관리 방식을 몰라서 문제가 비롯됐다는 분석이 제기되었고, FRB 의장을 역임했던 앨런 그린스펀은 '금융문맹'이라는 단어를 사용했다. 그는 2008년 서브프라임 모기지 사태의 원인으로도 '금융문맹이 많은 현실'을 언급했다.

금융문맹은 마치 전염병과 같다. 잘못된 금융지식이 사회에 전염병으로 퍼지면서 많은 사람들의 금융지식을 흐리게 하고, 가난과 경제적 결핍을 고착화시키고 있다. 한국이 고성장을 지속하였음에도 경제·사회적으로 여러 가지 문제가 심화되는 것은 근본적으로 돈에 대해 제대로 모르는 '금융문맹' 때문이다.

한국의 금융문맹을 더 이상 방치해서는 안 된다. 금융문맹에서 벗어나려면 지속적인 교육과 제도가 뒷받침되어야 한다.

연금저축제도와 계약이전(계좌이체) 방법

연금저축제도는 개인이 스스로 노후준비를 할 수 있도록 도와주는 제도다. 연금저축은 많은 세제 혜택이 있으므로 반드시 활용해야 한다.

가입은 누구나 가능하다. 연간 1,800만 원까지 납입이 가능하고, 400만 원까지는 13.2~16.5%의 세액공제 혜택을 제공받을 수 있다. 또 55세까지 꾸준하게 적립해야 한다. 만 55세 이후까지 가입기간 5년 이상을 유지하면 5.5~3.3%의 낮은 연금소득세를 적용받아 수령 가능함은 물론 운용수익에 대한 세금이 연금 수령 시까지 재투자되는 과세이연 효과도 얻을 수 있다. 연금저축의 종류로는 은행의 연금저축신탁, 보험사의 연금저축보험, 자산운용사 등의 연금저축펀드가 있다. 장기적으로 낮은 수수료, 고수익 추구가 가능한 연금저축펀드가 노후준비를 위한 연금으로 활용하기에 가장 유리하다는 게 내 생각이다.

이미 가입한 연금저축이 있다면 '계약이전(계좌이체)' 제도를 활용할 수 있다. 기존에 받았던 세제 혜택을 그대로 유지하면서 불이익 없이 다른 금융기관으로 자유롭게 이전 가능하다.

연금저축 계약이전(계좌이체) 제도는 소득세법에 따라 세액공제나 과세이연 등의 세제 혜택을 유지하면서 다른 연금계좌로 이체하는 제도다. 신규 가입회사에서 연금저축계좌를 개설하고 기존 가입회사로부터의 계약이전을 신청하면 쉽게 이전할 수 있고, 비대면으로 한다면 비용도 크게 절감할 수 있다.

경제독립을 하는
사람들

우리 주변에는 다양한 사람들이 있다. 똑같이 하루를 보내고 비슷한 일을 하지만, 시간이 지나면 삶의 모습은 전혀 달라진다. 어떤 사람은 늘 돈에 쫓기며 살고, 또 어떤 사람은 경제적으로 여유롭고 자유롭게 산다. 그 차이는 어디서 비롯될까?

답은 하나다. 경제독립이다.

경제독립을 한 사람은 더 이상 노동만으로 생계를 유지하지 않는다. 자신의 자본을 일하게 만들고, 그 자본에서 나오는 수익으로 삶을 꾸린다. 그래서 직장을 다니더라도 언제든 선택할 수 있는 자유가 있다. 일을 하고 싶어서 하는 것이지, 생계를 위해 억지로 붙잡는 일이 아니다.

경제독립을 한 사람들에게는 공통점이 있다.

첫째, 꾸준히 투자한다. 단기 차익이 아니라 장기적인 기업 성장에 함께한다.

둘째, 돈에 대한 철학을 갖고 있다. 소비에 치우치지 않고, 돈이 스스로 일하게 만든다.

셋째, 금융문맹에서 벗어났다. 자본주의의 원리를 이해하고, 주식투자가 도박이 아니라 부자가 되는 길임을 안다.

나는 강연 때마다 이렇게 말한다.

"경제독립은 누구나 할 수 있다. 중요한 것은 라이프스타일을 바꾸는 것이다."

남들이 모두 부동산에만 몰려갈 때, 장기적으로 기업의 가치를 보고 꾸준히 주식을 모아가는 사람들. 바로 이들이 진정한 경제독립을 준비하는 사람들이다.

경제독립은 단순히 돈이 많아지는 것이 아니다. 그것은 삶의 선택권을 갖는 것이고, 자신이 원하는 삶을 살 자유를 얻는 것이다.

나는 더 많은 한국인들이 경제독립을 이루기를 바란다. 그것이야말로 진정한 의미에서 모두가 부자가 되는 길이기 때문이다.

연금 이해하기

연금저축펀드, IRP, 퇴직연금을 이해하는데 필요한 용어

- **세액공제: 내야 할 세금에서 일정 금액을 직접 깎아주는 혜택**

  예시: 연봉 5,000만 원인 사람이 연금저축에 300만 원을 넣었다면, 세액공제율 16.5%를 적용하여 300만 원 X 16.5% = 49.5만 원의 세금을 돌려받을 수 있다.

- **과세이연: 세금을 내는 시점을 미뤄준다.**

  보통 돈을 벌면 그해에 세금을 내야 하지만, 연금저축이나 IRP 계좌에 돈을 넣으면 해당 계좌에서 발생하는 배당금, 이자, 매매차익에 대한 세금을 나중으로 미룰 수 있다.

- **연금소득세: 연금을 받을 때 내는 세금**

  연금계좌에서 돈을 꺼내 연금을 수령할 때, 국가에서 세금을 걷는다.

  70세 미만: 5.5% | 70~80세: 4.4% | 80세 이상: 3.3% 세율 적용

  종류: DB형(확정급여형), DC형(확정기여형), IRP(개인형 퇴직연금)

구분	DB형	DC형	IRP
운용 주체	회사가 운용	근로자가 직접 운용	개인이 직접 운용
퇴직금 산정 방식	퇴직 시 평균임금 × 근속연수	매년 회사가 퇴직금 (연봉의 12분의 1) 지급 후 근로자가 직접 운용	퇴직금, 개인 추가 납입 가능
투자상품 선택	근로자가 선택 × (회사가 운용)	근로자가 직접 선택 (ETF, 예금, 펀드 등)	근로자가 직접 선택 (ETF, 예금, 펀드 등)
퇴직 후 연금 수령 가능 여부	IRP로 이전 후 연금 수령 가능	IRP로 이전 후 연금 수령 가능	연금 수령 가능
중도 인출 가능 여부	불가능	불가능 (일부 예외 허용)	불가능 (일부 예외 허용)

- **퇴직연금**Retirement Pension**: 퇴직금을 안전하게 운용하여 노후에 연금으로 받을 수 있도록 만든 제도

- **연금저축펀드**: 증권회사나 자산운용사에 일정 기간 돈을 납입한 후에 연금 형태로 지급받는 펀드.
  1) 가입 대상
     - 대한민국 국민 누구나 가능
     - 직장인, 자영업자, 프리랜서, 주부, 대학생까지
     - 소득 유무 관계없이 가입은 가능, 다만 세액공제는 소득이 있는 사람만 가능

  2) 주요 혜택
     - 세액공제(연말정산 환급): 연간 최대 600만 원까지 납입 가능
     - 세액공제율
       · 총급여 5,500만 원 이하: 16.5%
       · 총급여 초과: 13.2%
       · 환급 최대 약 66만~99만 원 가능
     - 과세이연
       · 펀드 수익에 대해 운용 중에는 세금 없음
       · 수익을 눈덩이처럼 불릴 수 있음 (복리 효과)
     - 연금 수령 시 저율 과세
       · 55세 이상, 5년 이상 납입 시 연금 수령액에 대해 3.3~5.5%의 낮은 세율 적용
       · 종합소득에 합산되지 않고 분리과세

3) 납입 한도 및 조건

구분	내용
연간 납입 한도	IRP와 합산 시 최대 1,800만 원
총 합산 공제 한도	IRP와 합산 시 최대 900만 원까지 공제 가능
의무 납입 기간	최소 5년 이상
연금 개시 나이	만 55세 이상 가능

4) 중도해지 시 주의사항

- 가능은 하지만 불이익이 큼
- 기존 세액공제 혜택에 대해 16.5% 기타소득세 추징
- 투자수익도 일반과세

5) 투자자산 종류

- 국내·해외 주식형 펀드, 채권형·혼합형 펀드, ETF, MMF 등
  - 여러 상품에 분산투자 가능
- 연금저축펀드 vs IRP
  - 연금저축펀드: 연금저축계좌에서 펀드, ETF에 투자하여 수익을 추구하는 방식으로, 예금보다 높은 수익을 기대할 수 있지만 원금손실 가능성이 있음
  - IRP: 퇴직금을 받거나 추가로 납입하여 세액공제 혜택을 받을 수 있는 계좌, 퇴직 전 중도 인출이 제한되지만 세제 혜택이 크고 연금 수령 시 세율이 낮음

항목	연금저축펀드	IRP
가입 대상	누구나 가입 가능	소득이 있는 자
세액공제 한도	최대 600만 원	최대 900만 원
	- 총급여 5,500만 원 이하: 16.5% 세액공제 - 총급여 5,500만 원 or 종합소득금액 4,500만 원 초과: 13.2% 세액공제 - 세액공제 최적의 조합: 연금저축펀드 600만 원 + IRP 300만 원(총 900만 원)	
납입 한도	연금저축 + IRP 합산 연 1,800만 원	
투자 가능 자산	펀드, ETF 100% 가능	펀드, ETF 70% / 원리금 보장형 자산 30% 이상 의무
연금 수령 조건	- 연령: 만 55세 이상 - 가입기간: 5년 이상	- 연령: 만 55세 이상 - 가입기간: 5년 이상(단, 퇴직금이 있는 경우 만 55세부터 바로 수령 가능)
연금소득세	연금소득세(3.3~5.5%) 적용(연 1,500만 원 초과 시 종합과세)	
담보대출	가능	불가능

* 연금저축펀드 + IRP 합산 세액공제 한도는 총 900만 원. IRP만으로도 최대 900만 원까지 세액공제가 됨.

- ISA(Individual Savings Account) 계좌: 개인의 자산 형성과 통합적 자산 관리를 위해 다양한 금융상품을 하나의 계좌에서 운용할 수 있도록 설계된 계좌

유형	일반형	서민형	농어민
가입 요건	만 19세 이상 또는 직전 연도 근로소득이 있는 만 15~19세 미만 대한민국 거주자	직전 연도 총급여 5,000만 원 또는 종합소득 3,800만 원 이하 거주자	직전 연도 종합소득 3,800만 원 이하 농어민
비과세 한도 (운용수익에 대한)	200만 원	400만 원	400만 원
비과세 한도 초과 시	9.9% 저율 분리과세 적용		
의무 가입기간	3년		
납입 한도	연간 2,000만 원, 최대 1억 원 (당해년도 미불입 납입 한도는 다음 해로 이월 가능)		
중도인출	총 납입 원금 내에서 횟수 제한 없이 중도인출 가능 (인출금액만큼 납입 한도가 복원되지 않음)		

- 투자 가능 상품: ISA 계좌에서는 예금, 적금, 주식, 펀드, ETF, 리츠 등 다양한 금융상품에 투자할 수 있음. 단, 일부 고위험 상품은 제외될 수 있으므로 금융기관에서 확인이 필요함.
- ISA 연금저축 이전: ISA 계좌 해지 후, ISA 연금저축으로 이전할 땐 전체 금액(ISA 내 납입 원금 + 운용수익)을 한꺼번에 옮길 수 있음.

- **연금저축펀드 세 가지 핵심 혜택 정리**
  1) 세액공제 혜택(연말정산 환급)
  - 연간 최대 600만 원까지 납입 가능
  - 총급여 5,500만 원 이하: 공제율 16.5%
  - 총급여 초과 시: 공제율 13.2%

    최대 약 99만 원까지 세금 환급받을 수 있음

2) 수익에 과세 안 됨(과세이연)

- 펀드 수익에 대해 운용 중에는 과세 없음
- 55세 이후 연금으로 받을 때만 낮은 세율로 과세

  복리 효과로 자산을 더 크게 키울 수 있음

3) 연금 수령 시 낮은 세금(연금소득세)

- 연금 수령 시 3.3~5.5% 저율 과세
- 조건 충족 시 종합소득세 합산 없이 분리과세

  노후에 세금 부담 없이 안정적으로 인출 가능

"지금은 세금 아끼고, 미래엔 저세금으로 연금 받는 스마트한 노후준비 상품!"

[존리의 부자학교 홈페이지]

World's Top Asset Management Firms

Rank	Company	Country	Total AUM (US$ bn)	Balance sheet
1	BlackRock	US	10,473	03/31/2024
2	Vanguard Group	US	9,300	03/31/2024
3	Fidelity Investments	US	5,303	03/31/2024
4	State Street Global Advisors	US	4,340	03/31/2024
5	Morgan Stanley	US	3,629	03/31/2024
6	JPMorgan Chase	US	3,564	03/31/2024
7	Credit Agricole	France	2,858	03/31/2024
8	Goldman Sachs	US	2,848	03/31/2024
9	UBS Group (1)	Switzerland	2,620	12/31/2023
10	Capital Group	US	2,600	03/31/2024
11	Allianz Group	Germany	2,479	03/31/2024
12	Amundi (2)	France	2,284	03/31/2024
13	Bank of New York Mellon	US	2,015	03/31/2024
14	PIMCO (3)	US	1,890	03/31/2024
15	Bank of America	US	1,730	03/31/2024
16	Deutsche Bank	Germany	1,670	03/31/2024
17	Invesco Ltd	US	1,663	03/31/2024
18	Franklin Resources (4)	US	1,604	04/30/2024
19	Legal & General (LGM)	UK	1,512	12/31/2023
20	Northern Trust Corp	US	1,501	03/31/2024
21	Prudential Financial	US	1,496	03/31/2024
22	T. Rowe Price	US	1,485	04/30/2024
23	BNP Paribas	France	1,385	03/31/2024
24	Natixis Investment Managers (5)	France	1,322	03/31/2024

25	Geode Capital Management	US	1,304	03/31/2024
26	TIAA (6)	US	1,280	12/31/2023
27	Schwab Asset Management	US	1,246	03/31/2024
28	HSBC Holdings	UK	1,242	03/31/2024
29	Ameriprise Financial	US	1,127	03/31/2024
30	Wellington Management Company	US	1,100	03/31/2024
31	Sun Life Financial	Canada	1,085	03/31/2024
32	Blackstone Inc	US	1,061	03/31/2024
33	AXA Group	France	1,021	12/31/2023
34	Power Corporation	Canada	1,011	03/31/2024
35	Schroders plc	UK	959.4	03/31/2024
36	Brookfield Asset Management	Canada	929.0	03/31/2024
37	Sumitomo Mitsui Trust Holdings	Japan	928.1	03/31/2024
38	Manulife Financial	Canada	923.7	03/31/2024
39	Royal Bank of Canada	Canada	903.1	04/30/2024
40	Aegon Ltd	Netherlands	891.4	12/31/2023
41	Equitable Holdings Inc	US	882.1	03/31/2024
42	Insight Investment (7)	UK	824.3	03/31/2024
43	Fidelity International	UK	816.9	03/31/2024
44	Federated Hermes (8)	US	778.7	03/31/2024
45	New York Life Insurance Company	US	771.0	12/31/2023
46	AllianceBernstein (AB)	US	758.7	03/31/2024
47	Generali Group	Italy	723.3	03/31/2024
48	Dimensional Fund Advisors	US	719.0	03/31/2024
49	Principal Financial Group	US	708.5	03/31/2024
50	Affiliated Managers Group (AMG)	US	699.4	03/31/2024
51	Nippon Life Insurance Company	Japan	680.0	03/31/2022

일본의 실패를
답습하지 마라

1992년 겨울, 뉴욕의 자산운용사 스커더 스티븐스 앤드 클라크

Scudder Stevens and Clark, 이하 스커더에서 근무하던 때의 일이다. 하루는 사내 펀드매니저와 애널리스트 모두가 회의실에 모였다. 일본의 미래에 대해 토론하기 위해서였다. 당시 일본은 전 세계적으로 경제적인 붐을 일으켰고 경영 방식, 문화 등 모든 면에서 주목을 받고 있었다. 심지어 "미국의 기업문화는 일본보다 낙후되었으니 일본을 배워야 한다."는 사람들도 많았다. 국가경제가 세계에서 가장 잘 나갔던 그때, 일본 주식들의 시가총액은 미국의 시가총액보다 컸다. 또한 세계 100대 기업 중 50개가 일본 기업이었으며, 자산규모 면에서 매겨진 세계 10대 은행 모두가 일본의 은행들이었다.

사람들 대부분이 일본으로부터 배워야 한다고 말했던 그 시기에, 스커더의 투자를 담당하는 구성원들은 일반적인 생각과 다른 판단을 내렸다. 일본이 매우 오랫동안 초유의 불황을 겪을 것이라 예측한 것이다. 특별히 나와 가깝게 지냈던 펀드매니저 윌리엄 홀처William Holtzer는 일본에 대해 극단적으로 회의적이었다. 그는 인구 고령화가 예측되는데도 그에 대한 준비를 하지 않는 일본 정부를 이해하지 못했다. 더불어 그는 변화를 두려워하는 국민성, 다양성을 중시하지 않는 문화, 질문을 던지지 않고 창의성을 무시하는 교육 시스템, 경직된 관료들과 반대를 용납하지 않는 경영자 마인드, 인구가 줄어드는데도 이민자를 받아들이지 않는 배타적 정부, 무엇보다 높은 금융문맹률과 금융의 중요성을 간파하지 못하는 경직된 정부 관료들이 장기적으로 일본 경제를 더욱더 어렵게 할 것이라 예견했다.

스커더의 간판 펀드매니저이자 나의 오랜 친구인 윌리엄 홀처는 자신이 운용하는 스커더 글로벌 펀드의 일본 투자 비중을 1%로 줄이고 한국에 7%나 투자하는 획기적인 결정을 했다. 당시 두 나라의 시가총액을 비교할 때 이는 엄청난 모험이었다. 결과적으로 그의 판단은 옳았고 그의 펀드는 엄청난 수익을 올렸다. 일본 증시는 계속 하락한 데 반해 한국 증시는 부침을 거듭하면서도 높은 이익을 가져다준 것이다. 안타깝게도 홀처는 몇 년 전 투병 끝에 하늘나라로 떠났지만, 한국에 대한 그의 애정은 아직도 내 마음에 자리 잡고 있다.

1991년 겨울로부터 30년 가까이 지난 지금 돌이켜보면, 일본에 대한 스커더의 펀드매니저와 애널리스트들의 예상은 놀라울 정도로 적중했다. 일본에선 30년 동안 고령화가 급속도로 진행됐고 개인들의 노후 또한 어려워졌다. 정부의 부채 비율은 세계에서 가장 높은 수준인 238%에 달하는데도 경기가 살아날 기미는 보이지 않는다. 일본의 미래에 획기적인 변화가 없다면 앞으로의 30년도 그다지 좋아질 것으로 예상되진 않는다.

일본은 30년이 지난 뒤에야 일본 경제가 잘못되어 가는 것을 깨달았다. 몇 년 전부터 일본은 기업 지배구조의 혁신을 이루려고 노력했고 그 결과 기업들이 깨어나기 시작했다. 효율성이 떨어진 자산을 매각하기 시작했고 고질적인 문제였던 은행과 기업 간의 상호출자 고리를 끊어내기 시작했다.

그 결과 외국인 투자가들의 유입이 시작되었고 주식시장의 활성화를 가져오게 되었다. 주가지수가 급격하게 상승하고 잃어버린 30년을 어느 정도 회복하게 된 것이다.

왜 일본은 이러한 일들을 미리 예측하지 못하고 방치했을까? 여러 이유가 있겠지만 그중 가장 큰 이유는 금융문맹이라는 것이 내 생각이다. 1980년대 일본은 미국에 버금가는 경제부국이 되었지만 자본이 일하게 하는 것에는 서툴렀다. 미국은 제조업에서 일본, 중국, 한국에 밀렸으나 실리콘밸리의 혁신과 퇴직연금을 위시한 월스트리트의 자금을 기반으로 삼아 새로운 경제대국으로 탈바꿈했다. 금융문맹으로 부동산에만 투자했던 일본과는 상반된 모습이다. 일본인들의 자산은 평균 80% 정도가 예금과 부동산에 묶여 있고, 예금 이율이 마이너스에 가까움에도 대부분 은행 예금에 들어가 있는 상태다. 모험을 두려워하고 배타적인 이민정책을 고수하며 새로운 세상에 적응하지 못한 일본은 침체할 수밖에 없는 경제구조를 가지고 있다.

이러한 일본을 보면 이유를 불문하고 한국은 그들과 다른 길을 선택해야 하지만, 안타깝게도 현재 한국은 일본을 그대로 닮아가고 있다. 한국인 대부분의 자산이 은행 예금과 부동산에 집중되어 있는 것이다. 심지어 개개인의 라이프스타일은 일본보다 오히려 나쁜 상황이다. 일본의 사교육비 지출 문제는 한국처럼 심각하지 않다. 그런데 한국인들은 공부만 열심히 하면 풍요로운 인생을 살 것이라 착각하며 엄청난 돈을 사교육비로 낭비하고, 그 결과 자녀들은 창의적인 생각을 갖지 못함은 물론 경제독립도 이루지 못하는 악순환이 만들어진다.

한국은 OECD 국가 중 금융문맹국 1위인 일본에 이어 2위에 머무르고 있다. 자신의 노후대비를 위해 열심히 일해줘야 할 퇴직연

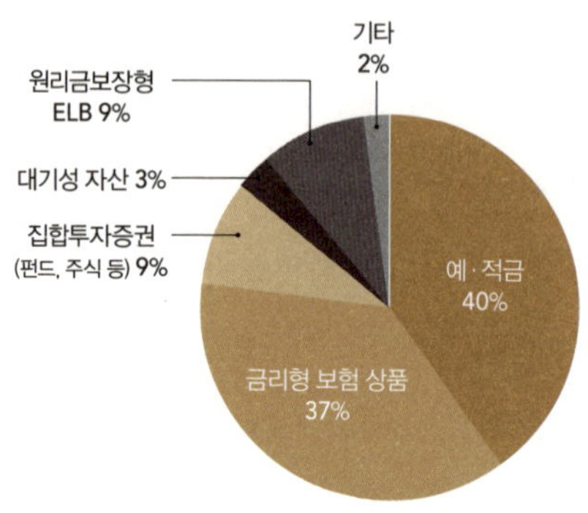

출처: 금융감독원 연금금융실, 2018.

금 자산의 대부분이 원금보장성 상품에 머물러 있다. 정말로 안타까운 사실은 양질의 장기적 자금이 주식시장에 투자되지 않고 은행 예금에 들어 있기 때문에 국내에서는 미래를 이끌 혁신적 기업이 탄생하기 어렵다는 것이다. 연기금들조차도 앞으론 한국 주식에 투자하는 비중을 줄이고 외국 주식의 비중을 늘리겠다며 앞다투어 이야기하고 있는데, 이해할 수 없는 부분이다.

경기회복과 금융문맹률 개선이 필요하다

한국은 일본과 다른 길을 선택해야 한다. 하지만 일본과 비슷하게 대부분의 자산이 은행 예금과 부동산에 집중되어 있다. 개개인의 라이프스타일은 일본보다도 더 나쁜 상황이다. 국가부채를 해소하는 유일한 방법은 경기회복이다.

90%의 금융문맹률이 획기적으로 낮아져 더욱 많은 사람이 경제적 자유를 얻어야 개인도 윤택해지고 나라도 잘살 수 있다.

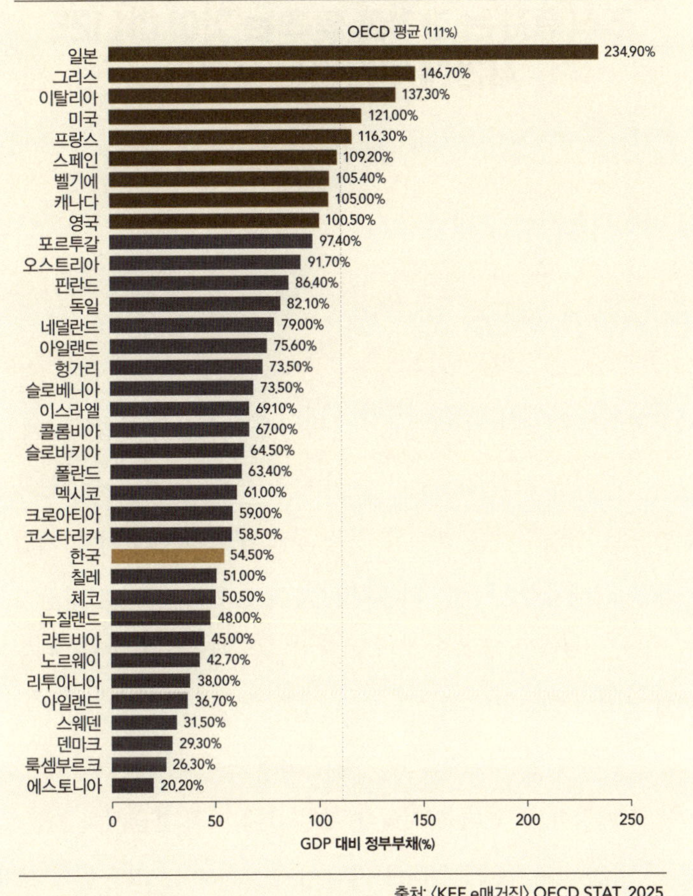

좁은 시야의 재테크에서 벗어나라:
주식투자는 가격을 맞추는 것이 아니라,
시간에 투자하는 것이다

한국으로 귀국한 지 13년 동안 나는 가능한 많은 사람들에게 주식에 투자하는 것을 강조했다. 돈이 나를 위해 가장 열심히 일하는 방법으로 주식투자를 대체할 것을 찾지 못했기 때문이다. 기업은 이윤을 극대화하는 것을 기본적인 목표로 한다. 개인과 마찬가지로 기업도 경제의 부침을 겪겠지만 기업은 개인보다 훨씬 더 유연하게 부침에 대처할 수 있다.

주식투자의 장점은 앞으로 기업의 미래가 어둡다고 판단되면 언제든지 매각할 수 있다는 것이다. 부동산에 비해 환금성이 높은 것도 큰 장점이다. 투자할 때 큰 자금이 필요하지 않고 틈틈이 여유 자금으로 투자할 수 있는 이점도 있다. 하지만 사람들은 주식투자가 환금성이 높다는 장점을 살리지 못하고 오히려 단점으로 만드는 우를 범한다. 많은 사람들이 주식투자를 두려워하며 주식투자를 하는 사람들조차 주식투자의 본질을 이해하지 못한다.

주식투자를 하는 대부분의 사람들은 주식투자를 사고파는 기술이 있어야 하는 것으로 잘못 알고 있다. 각종 미디어나 유튜브 채널은 대부분 주식투자 거래에 관해 방송을 내보내고 있으며 기업의 펀드멘탈에 대한 것은 극히 드물다. 대부분 차트에 의존해서 '목표가격은 어떻고 손절매가격은 얼마'라고 조언한다. 이러한 투자 방법은 투자가 아니고 투기라고 할 수밖에 없다.

투자가를 영어로 인베스터investor라고 한다. 진정한 인베스터는 자신의 자본을 장기 자금으로 투자해서 돈이 일하게 하는 것을 실천하는 사람이다. 인베스터와 반대인 사람들은 자신이 알지 못하는 것에 자신의 자금을 가지고 차익을 실현하는 사람이다.

이러한 사람들은 카지노에 가서 운을 바라고 도박을 하는 것과 다르지 않다. 주식투자에 실패한 대부분의 사람들이 실패하는 이유는 주식투자와 도박의 차이를 이해하지 못했기 때문이다. 투자가Investor가 되기보다는 도박꾼이 된 것이다.

주식투자는 기업의 일부분을 취득하는 것이고 기업이 크게 성장할 때까지 기다리는 것이다. 나무를 심는 것과 같은 이치다. 나무를 심으면 오랜 기간 그 나무는 계절이 지날 때마다 기후에 적응을 하고 혹독한 시련을 겪으면서 살아남는다. 시간이 흘러 이 나무는 열매를 맺기 시작할 것이다. 나무를 심은 주인은 열매를 딸 수도 있고, 나무가 제공하는 안락한 그늘에서 쉴 수도 있다.

주식투자를 하는 이유는 단순하다. 내 노후를 위한 것이다. 단기간의 수익을 좇는 것은 주식투자의 본질이 아니다. 대부분의 사람들은 가격을 맞추는 것을 주식투자라고 착각한다. 주식투자의 본질은 가격을 맞추는 것이 아니라 시간에 투자하는 것이다. 단기간의 주식가격의 변화는 위험이 아니다. 변동성이다.

주식투자의 성공은 주식을 사고파는 타이밍이 아니라 기다림에 달려 있다.

20~30년 후의 미래를 보고 주식에 투자하는 사람들은 주가의 단기적 등락에 크게 개의치 않는다. 한국뿐만 아니라 세계 경제 역시 그간 주기적으로 큰 혼란을 겪었고 그때마다 주가는 폭락했지만, 오래지 않아 회복되고 결국 상승하기를 거듭했다.

20~30년 후에 팔 주식이라면 단기간의 수익률에 일희일비할 필요가 없다. 오히려 주식가격이 하락하는 시기가 오면 주식을 매수할 좋은 기회라 여기고 여유롭게 생각해야 한다. 펀더멘털이 튼튼한 기업이라면 그 회사의 주식은 장기적으로 오를 수밖에 없기 때문이다.

다 아는 사실이지만 IMF 당시 한국의 주식들은 상당한 폭으로

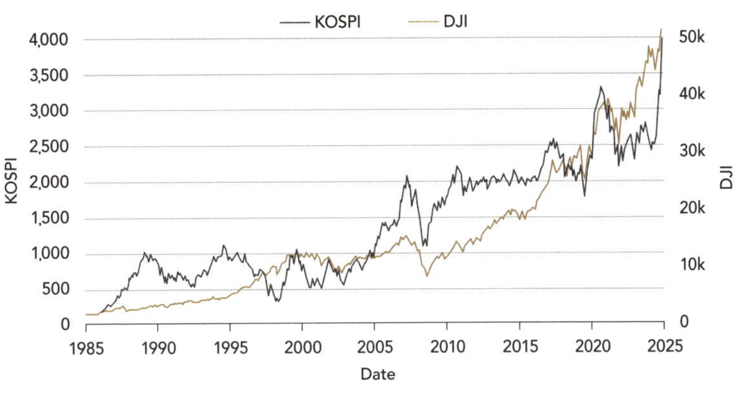

40년간 장기 수익률 비교

지수	시작 시점	종료 시점 (2025.10)	총수익률	연평균 수익률 (CAGR)	상승 배수
KOSPI	138.90 (1985.01)	4,107.50	2857.2%	8.65%	29.6배
다우존스	1,284.01 (1985.02)	47,562.88	3604.2%	9.25%	37.0배

떨어졌다. 많은 주주들은 낙담했고, 향후 주가가 더 떨어질 것이 무서워 자신이 가지고 있던 주식들을 팔아치우며 손실을 확정 지었다. 그러나 IMF 이후 한국 주식들의 가격은 회복되었고 장기적으로 엄청난 상승세를 기록했다. 단기간의 주가폭락이 두려워 보유 주식을 팔아치운 사람들은 후회해야 했지만, 그때 흔들리지 않

고 장기 보유한 사람이 큰 수익을 냈다는 것은 누구나 알고 있는 사실이다. 주식투자는 재테크가 아니다. '테크닉'이 아니란 뜻이다. 주식은 사고파는 것이 아니라 꾸준히 모으는 것이다. 대부분의 사람들은 주식투자가 매수와 매도의 타이밍을 맞추는 것이라고 오해한다. 하지만 타이밍이라는 것을 한두 번은 맞출 수야 있겠으나 매번 맞추긴 불가능하다. 이것이 투자와 도박의 차이점이다. 타이밍을 맞추려 노력하는 대신 좋은 회사를 찾아 그 주식을 오랫동안 보유하고 열매를 공유하는 것이 주식투자다. 투자 훈련이 되어 있지 않거나 시간이 없을 때는 펀드에 투자하는 것이 대안이다.

자신이 투자한 기업이 돈을 잘 벌고 있다면 주가가 떨어져도 걱정할 필요가 없다. 주식은 장기적으로 회사의 가치를 반영하기 마련이기 때문이다. 그러나 회사의 실적을 고려하지 않고 그저 주식시장의 상황과 차트만 쳐다보면서 노심초사하는 것은 좋은 투자 습관이 아니다.

훌륭한 투자자는 비가 오든 눈이 오든 일정한 여유자금으로 주식이나 펀드를 꾸준히 매입한다. 그러므로 자신이 은퇴할 때까지 이런 방식으로 착실히 투자해야 한다. 또한 훌륭한 투자자는 누구보다 일찍 주식을 사들이고 누구보다 늦게 파는 사람이다. 그러니 가능한 여유자금을 많이 만들기 위해 노력해야 한다. 지극히 단순해 보이지만 이는 부자가 되기 위한 가장 확실한 방법이다. 주식시장은 대부분 뉴스에 과잉 반응을 보인다. 안 좋은 소식이 있으면 언론이 불안감을 확대시키고, 이에 따라 사람들의 심리도 한쪽으로 쏠린다. 주식시장은 좋을 때와 나쁠 때를 수도 없이 반복한다. 하지만 펀드매니저로 오랫동안 일해온 나는, 펀더멘털이 좋은 기업의 주식은 결국 장기적으로 오른다는 사실을 경험으로 알고 있다. 좋은 기업의 주식을 흔들림 없이 보유하는 것, 그것이 훌륭한 투자가가 되는 가장 확실하고 유일한 방법이다.

자녀를 일찍부터
자본가의 길로 이끌어라

여러분은 자녀를 부자로 만들고 싶은가, 아니면 가난한 사람으로 키우고 싶은가? 우리는 이제 좀 솔직해질 필요가 있다.

내가 만난 학부모들의 대부분은 전자를 원했다. 그들은 과도한 사교육비를 지불하는 궁극적인 목표도 사실은 지식을 쌓는 것이 아니라 훗날 자녀가 부자로 살게 하기 위한 것임을 인정했다. 자녀들이 좋은 대학에 들어가려는 것도 솔직히 학문이 가져다주는 성취감을 얻기 위해서라기보다는 부자가 되는 길이라 여기기 때문이다. 부자가 되는 것이 목표라면 여러분의 자녀들은 현재 자본가가 되는 교육을 받고 있는가, 혹은 노동자의 교육을 받고 있는가?

한 가지 분명한 것은, 공부 잘해서 좋은 대학에 입학하고 졸업

후 좋은 직장을 얻어야 한다고 가르치는 것은 곧 노동자의 길을 가르치는 것과 같다는 점이다. 우리 주위에 공부 잘하는 노동자는 많지만 공부 잘하는 자본가는 흔하지 않다.

다시 강조하지만 노동자가 되기 위해 지불한 그 많은 사교육비가 아이를 가난하게 만드는 일등공신이다. 정말로 아이들을 부자로 만들고 싶다면 공부 잘하게 하려고 노심초사하기보다는 그들이 부자가 될 수 있도록, 부자가 되는 계획을 미리미리 세울 수 있도록 도와주는 편이 훨씬 현명한 일이다. 하지만 하루아침에 부자가 될 수는 없으니 미리부터 차근차근 준비를 해나가야 한다. 가장 먼저 해야 할 일은 사교육비로 지출했던 귀중한 자산들을 주식이나 주식형 펀드(ETF) 등의 투자로 전환하여 훗날 아이들이 창업하도록 도와주는 것이다. 주식투자는 아이들의 부를 창출해주는 가장 효과적인 방법이지만 아이들에게 훌륭한 창업 아이디어를 제

한국, 중국, 일본 대학생들의 창업 희망도 차이

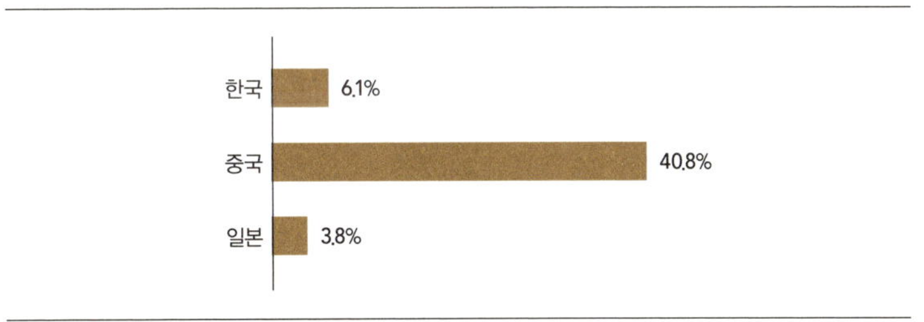

출처: 한국무역협회 설문조사

공하는 방법이기도 하다. 주식투자를 통해 알게 된 창업자들의 스토리, 경영진의 경영철학, 마케팅 전략 등은 여러분의 자녀들에게 또 다른 좋은 아이디어를 제공하고 부자가 되는 습관도 길러줄 것이다.

한국과 중국, 일본 대학생을 대상으로 한국무역협회가 실시한 설문조사의 결과를 살펴보면 중국의 대학생들은 40%가 창업을 원한다고 한 반면 한국은 6%, 일본은 4%가량에 머문다. 또한 한국의 경우 25%가 공무원을 직업으로 삼고 싶어 한다. 이런 희망 자체야 나쁘다고 할 수 없지만, 공무원을 가장 선호하는 사람이라면 부자가 되고 싶은 바람이 없는 사람이라고 생각할 수밖에 없다. 한국에서 내가 뜻밖이라고 여긴 현상 중 하나는 사람들이 자본가와 노동자 둘 중 하나만 선택해야 한다고 생각하는 것이었다. 대개의 한국인들은 자신이 부자가 될 수 없다며 미리 단정하고 해고될 위험이 적은 노동자가 되기를 열망한다. 공무원 수험 열풍도 이런 맥락에서 이해할 수 있다.

하지만 월급은 늘어나는 데 한계가 있으며 은퇴와 동시에 단절되기 때문에 월급을 모아 부를 형성하기란 거의 불가능하다. 반면 자본은 따로 시간과 노력을 들이지 않아도 스스로 늘어나며, 쉬거나 은퇴하는 일도 없다. 때문에 월급쟁이들도 자본이 일하게 해야 하는 것이다.

워런 버핏의 '스노우볼 효과'

스노우볼 효과Snowball effect란 눈사람을 만들 때처럼 주먹만 한 눈덩이를 계속해서 굴리고 뭉치다 보면 어느새 산더미처럼 커지는 현상을 빗댄 것이다. 세계적인 투자자 워런 버핏이 복리 효과를 설명하기 위해 사용하면서 경제 용어로 자주 쓰이게 됐다. 초기에는 적은 원금일지라도 이자에 이자가 붙어서 나중에는 큰 자산이 되는 현상을 눈덩이에 비유하여 이야기한 것이다. 실제로 워런 버핏은 11세에 처음 투자를 시작해서 재산을 불려 지금은 97조 원의 재산을 가진 엄청난 부자가 되었다. 워런 버핏에게 35년 전에 100만 원을 맡겼다면 지금 약 180억 원 이상의 부가 창출되었을 것이다. 마치 눈덩이가 커지는 것과 비슷하다. 이것이 바로 복리의 마법이다. 오늘 아낀 1만~2만 원으로 조금씩 꾸준하게 투자하면 10년, 20년 후에는 엄청난 규모의 자본으로 불어날 수 있다.

버크셔 해서웨이 Berkshire Hathaway **주가로 보는 스노우볼 효과**

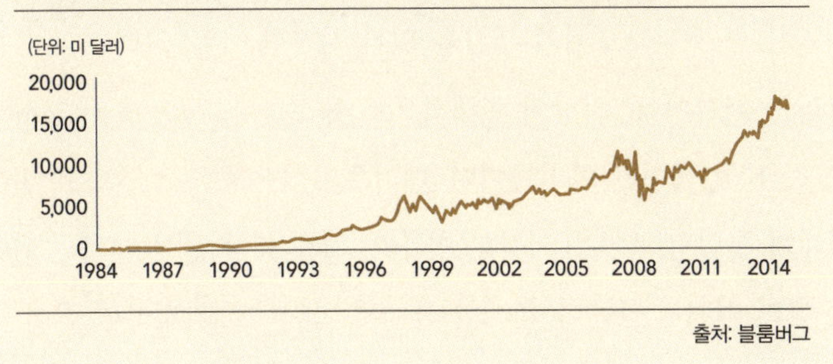

처음 취직하여 월급을 받을 때는 노동력을 통한 수입이 주식투자로 얻는 수익보다 더 크고, 더 빨리 늘어난다. 그러나 노동으로 얻은 수입 중 10%를 무조건 떼어 주식에 투자한다면 그때부터 자본이 증식하기 시작하고, 시간이 흐를수록 그 자본의 증식 속도는

증가해 언젠가는 월급을 앞지르게 된다.

비록 20대에는 얼마 되지 않았던 자본이라도 40~50대에 이르면 눈에 띄게 늘어난다. 이는 눈덩이가 커지는 것과 비슷하다. 나이 들수록 월급은 서서히 늘어나지만(요즘은 줄어들 수도 있다) 매일매일 축적되고 스스로 일하게 된 자본은 복리 효과로 급격히 불어난다. 월급을 차곡차곡 모으기만 하는 것이 아니라 월급에서 일정 부분을 떼어 꾸준하게 투자함으로써 자본을 조금씩 늘리고 그 자본이 스스로 증식하는 원리를 깨달아 실천하는 것, 이것이 바로 월급쟁이가 자본가가 되는 것, 궁극적으로 부자가 되는 방법이다. 그렇기에 샐러리맨이라면 하루라도 빨리 자본가가 되어야 한다. 부자가 되는 데 있어선 자본가로서의 생활을 일찍 시작한 사람, 그리고 자본을 굴리는 시간이 긴 사람이 절대적으로 유리하다. 가장 유리한 사람은 지금 막 태어난 아이들이다. 메리츠자산운용에서 넥스트 빌리어네어 클럽 캠페인을 시작한 이유다. 처음 뭉쳐 굴릴 때의 눈덩이는 빨리 커지지 않는다. 하지만 산에서 굴린다고 가정하면 산이 높을수록 유리한 것처럼, 복리가 일하는 시간이 길면 길수록 더 큰 부자가 될 수 있다. 태어나면서부터 큰 부자가 되기 위해 투자해야 하는 이유다. 하지만 우리는 이렇게 간단하고 명확한 원리를 외면한다.

흔히들 중요하다고 생각하는 학교 성적보다 중요한 것이 경제교육이다. 자본가가 되는 데 관심을 기울이며 자녀들에게 이를 가르치고 대화하는 것은 곧 가장 위대한 유산을 물려주는 것이다. 그에 반해 사교육비에 엄청난 돈을 쏟아붓는 사람은 부자가 되고 싶지 않거나 그렇게 되는 원리를 모르는 사람이다.

미국의 가정, 특히 유대인들은 경제교육에서 한국과 차이를 보인다. 그들은 자녀들에게 아무 대가 없이 용돈을 주거나 물건을 사주기보다는 작은 노동을 시켜서 돈을 벌게 한다. 돈이 소중하다는 것을 인식시키고, 낭비하지 않는 습관을 들이게 하는 것이다. 그리고 그 돈을 투자하여 증식시키도록 유도한다.

자녀를 경제적으로 풍요롭게 하려면 어렸을 때부터 경제교육을 시키는 것이 공부 잘하게 하는 것보다 훨씬 중요하다. 한 세대로 끝나는 것이 아니라 대대손손 부자가 되는 비결이다. 현명한 부모들은 아이들에게 선물할 때 장난감 등의 물건 대신 장난감 만드는 회사의 주식을 사주는 지혜를 발휘하기도 한다.

유대인의 경우 성년식을 치르는 아이들에게 친척들은 물건 대신 현금을 선물하는데, 이때 아이들이 받는 금액은 평균 5만~6만 달러가량이라고 한다. 아이들은 이때 받은 돈을 잘 운용하여 더 많은 자본을 형성할 방안을 연구하고, 대부분이 그 돈을 주식투자 등에 활용한다. 그리고 10년, 20년, 30년이 지나면서 그 돈이 엄청난 규모로 불어나는 것을 경험한다. 이것이 바로 유대인들이 다른 민족보다 경제적 부를 더 많이 누릴 수 있는 간단한 비결이다. 시간과 자본을 어떻게 이용해야 하는지, 즉 금융에 대한 올바른 이해가 절실하다. 다시 말하면 금융문맹 탈출이다.

이처럼 일찍부터 자본가의 길로 들어선 아이들은 부자가 되는 데 있어 절대적으로 유리하다. 시간이라는 자원을 최대한 활용하기 때문이다. 30년이나 50년간 장기투자한 사람에겐 그래서 여유가 있다. 6개월쯤의 등락은 아무 일도 아닌 것이다. 그리고 바로 이 여유와 기다림이 큰 성과를 낸다. 주식을 산 기업의 주가가 6개월 안에 오르지 않는다고 안절부절못하며 성급한 판단을 하는 사람과는 질적으로 다른 부를 축적한다.

아이들이 일찍부터 주식에 투자하게 하고 아이들과 주식에 대해 의논해야 한다. 예를 들면 "우리가 가지고 있는 A주식이 오늘 3% 내렸는데 그 이유가 뭘까? 세계 자동차 산업의 전망은 어떨까?"라는 내용을 주제로 대화를 나눠보는 것이다. 자녀들이 좋아하는 게임에 빠져 있을 때 무조건 못 하게 하는 것보다는 그 게임을 만들고 판매하는 회사에 대한 이야기를 아이들과 나누면 아이는 자연스럽게 금융공부를 하게 된다. 이렇게 하면 주식투자를 매개로 하여 아이는 세상을 보는 안목이 생기고 경제와 사회, 삶도 깊이 이해하게 된다. 사실 미국 중산층, 특히 유대인 가정에서는 이런 대화가 흔하다.

나는 영어공부를 재미있게 하는 방법 중 하나로 미국 기업의 주식을 사는 걸 권한다. 미국 기업에 관심을 가지고 투자하려면 영어로 된 리포트를 받아 읽고 기업 설명을 듣고 이해해야 한다. 또한 자신의 돈이 투자된 영역이기에 관심도 더 커진다. 그러므로 자녀에게 미국 주식시장에 투자할 기회를 갖게 한다면 경제교육과 영어교육을 동시에 하는 효과를 거둘 수 있을 것이다. 영어학원에 등록해 돈을 낭비하는 것보다는 블룸버그Bloomberg 앱을 다운로드 받아 매일매일 전 세계에서 일어나는 경제계 소식을 접하는 것이 어떤 영어교육보다 효과적이다. 영어를 배우기 위해 영어학원에 보내는 것보다 학원비로 주식이나 펀드에 투자하는 것은 자연스럽게 영어공부도 하고 더불어 부자도 되는 가장 현명한 방법이다.

자녀가 매우 어릴 때부터 주식투자를 통해 자본가가 되고 부자의 길에 들어서도록 이끌고 교육해야 하는 것의 필요성은 아무리 강조해도 지나치지 않다. 부모로부터 이런 가르침을 받은 자녀라면 입시를 위해 엄청난 사교육비를 들이는 아이들과는 비교할 수조차 없는 밝은 미래를 갖게 될 것이다.

자녀들을 자본가로 키워라

우리는 자녀들을 어떻게 키우고 있는가?

여전히 많은 부모들은 '좋은 대학, 좋은 직장'을 인생의 목표로 삼도록 가르친다. 물론 그것도 의미 있는 길이다. 그러나 그것만으로는 부자가 될 수 없다. 공부를 잘한다고 해서 부자가 되는 경우는 거의 없다.

진정한 부는 돈이 흘러가는 원리를 알고, 돈이 스스로 일하게 만드는 법을 아는 데서 시작된다. 그래서 나는 아이들을 노동자가 아니라 자본가로 키워야 한다고 생각한다. 여기서 말하는 자본가는 단순히 돈을 쌓아두는 사람이 아니다. 세상에 선한 영향을 끼치는 선한 자본가를 말한다.

자본가가 되는 가장 쉬운 길은 의외로 단순하다. 주식을 사 모으는 습관이다. 작은 금액이라도 꾸준히 투자하는 과정에서 아이들은 돈이 어떻게 일하는지를 배운다. 이 습관이 쌓이면 아이들의 인생은 전혀 다른 길로 나아간다.

한 걸음 더 나아가면, 아이들이 스스로 보스가 되는 경험을 하도록 도와야 한다. 취직을 잘하는 것보다, 스스로 무언가를 만들어내고 책임지는 경험이 훨씬 더 큰 자산이 된다. 창업이 반드시 정답일 필요는 없다. 그러나 최소한 '내 삶의 주인은 나다.'라는 의식을 길러주는 것이 중요하다.

우리는 자녀들이 단순히 남을 위해 일하는 사람이 아니라, 자신을 위해 일하고, 더 나아가 세상을 이롭게 하는 자본가로 성장하기를 바라야 한다. 그것이 진정한 사랑이고, 부모가 줄 수 있는 최고의 교육이다.

국영수 점수보다 '일등' 해야 한다

우리는 자녀 교육을 말할 때 늘 국영수 성적을 떠올린다. 좋은 점수를 받아야 좋은 학교에 가고, 좋은 직장에 들어간다고 믿는다. 그러나 그것이 부자가 되는 길은 아니다. 공부를 잘해서 부자가 된 경우는 드물다.

부자가 되는 길은 시험 점수에 있지 않다. 돈을 일하게 하는 방법을 아는 것, 자본가의 눈으로 세상을 바라보는 것, 스스로 삶의 주인이 되는 것에서 출발한다. 그래서 나는 아이들을 단순한 노동자가 아니라, 세상을 이롭게 하는 선한 자본가로 키워야 한다고 믿는다.

얼마 전 지인에게서 들은 이야기다. 지인의 아들이 아이비리그 대학에 입학했는데, 룸메이트는 유대인이었다. 대화를 나누다 보니 SAT 점수가 의외로 낮았다. 놀란 아들이 "어떻게 그 성적으로 입학했느냐?"고 묻자, 그 학생은 자전거 전문 잡지를 꺼내 보였다. 표지 모델이 자신이라고 자랑했다. 그는 자전거 세계 챔피언이었다.

대학은 왜 점수가 높은 학생이 아니라 그를 선택했을까? 단순히 공부를 잘하는 사람보다, 세상에 변화를 일으킬 가능성이 있는 사람, 사회에 기여할 수 있는 리더가 될 가능성이 높은 사람을 원했기 때문이다.

그래서 나는 강연에서 이렇게 말한다.

"공부를 잘하는 것보다 일등을 해야 한다."

여기서 말하는 일등은 국영수 성적 1등이 아니다. 남들이 몰려 있는 길이 아니라, 아무도 가지 않은 곳에 가야 1등을 할 수 있다. 이미 많은 사람이 하고 있는 것을 그대로 따라 해서는 성공하기 어렵다. 그러나 새로운 길을 개척하면 남들이 보지 못한 기회를 발견할 수 있다.

유대인은 자녀들에게 이렇게 가르친다.

"공부 잘해라."가 아니라, "일등을 해라. 남들이 몰려 있는 곳이 아니라, 아무도 가지 않은 곳에서."

그래서일까. 미국 사회에서 유대인들은 금융, 법률, 예술, 과학 거의 모든 분야에서 두각을 나타낸다. 내가 일했던 뉴욕의 라자드 자산운용도 유대인 가문이 세운 회사다. 라자드 형제들은 1800년대 프랑스에서 미국으로 건너와, 모두가 금을 캐러 갈 때 금을 캐지 않았다. 대신 금을 캐는 사람들에게 필요한 청바지를 팔았다. 그 선택이 큰 부를 가져왔다. 그리고 그들의 진짜 부는 금융업에서 비롯되었다. 남들과 다른 길을 택한 것이 성공의 핵심이었다.

한국은 여전히 점수 경쟁에 매여 있다. 그러나 남이 낸 문제를 잘 푸는 능력보다, 새로운 문제를 발견하는 능력이 훨씬 더 중요하다. 혁신적인 기업이 나오지 못하는 이유도 여기에 있다. 창의적이고 자본가적인 사고를 길러주지 못하기 때문이다.

이제는 국영수 점수만 좇는 교육에서 벗어나야 한다. 아이들이 창업에 도전할 용기와 금융을 이해하는 지혜를 갖추도록 해야 한다. 그것이야말로 미래 세대를 위한 가장 값진 교육이다.

황금알 낳는 거위를 죽이지 마라: 72의 법칙

『이솝 우화』에 실려 있는 「황금알 낳는 거위」 이야기는 너무나 유명하다.

줄거리는 짧고 간단하다. 어떤 농부에게 매일 황금알을 하나씩 낳는 거위가 있었다. 이 거위는 농부에게 큰 이익을 안겨주었다. 거위 덕에 게을러지고 욕심이 잔뜩 생긴 농부는 거위의 배에 황금이 가득 들어 있을 것이라 생각했다. 그래서 거위를 죽여 배를 갈라 보았지만 그 속에는 황금이 하나도 없었다.

금을 더 이상 갖지 못하게 된 어리석은 농부는 부자가 될 기회를 영영 놓쳐버렸다. 우리도 비슷한 우를 범하고 있는 건 아닐까? 황금알을 낳는 거위가 있다면 현명한 사람들은 거위를 죽이는 대신 열심히 정성스럽게 기르려 노력할 것이고, 한 마리보다는 가능한 한 여러 마리를 기르려 할 것이다. 하지만 현실에선 너무나 많은 사람들이 어리석은 농부와 같은 결정을 내린다. 훗날 자신의 노후자금으로 쓰일 자본을 계획 없이 낭비하는 사람들은 거위를 죽이는 농부와도 같다. 작건 크건 여유자금을 만들어 거위를 기르는 데 쓰지 않고, 귀한 월급을 모아 외제 차나 명품 구입, 여행에 사용하거나 과도한 사교육비로 쓰는 사람들이 바로 거위를 죽이는 사람들이다. 그간 '경제독립 버스 투어', 그리고 투자교육과 상담을 하면서 나는 수많은 이들을 만나왔다. 그런데 그들 중 상당수는 황금알을 낳는 거위를 기르기보다는 오히려 어리석은 농부처럼 죽여버리는 우를 범하고 있었다.

거위를 기르는 것은 노후를 준비하는 과정과 비슷하다. 과도한 소비는 훗날 내 노후를 책임질 거위를 죽이는 행위와 같다. 황금알 낳는 거위를 기르고 싶다면 소비를 줄여 투자해야 함이 옳다. 소비를 줄이기란 쉽지 않다. 소비를 통제하지 않는 생활이 이미 몸에 익숙해져 습관이 되었고 사고방식도 그렇게 굳어져 버린 데다 타인들의 시선을 의식하는 마음도 한몫을 하기 때문이다. 하지만 쉽지 않은 일이라 해도 매일 거위를 죽이는 라이프스타일은 이제 버리고 대신 거위를 기르는 습관을 들여야 한다. 적은 금액이라도 매일 꾸준히 거위를 사자. 그 거위들이 커서 나의 노후를 책임질 것이기 때문이다.

72의 법칙

'72의 법칙'이라는 게 있다. 투자한 금액이 두 배가 되는 데 걸리는 기간을 연 단위로 계산하는 간단한 공식으로, 72를 연이자율로 나눈 숫자가 바로 원금이 두 배가 되는 기간이다. 가령 연간 수익률이 8%라면 72÷8=9가 나오는데, 이는 곧 원금이 9년 후에 두 배가 됨을 뜻한다.

72의 법칙

$$\frac{72}{\text{연이자율}} = \text{원금이 두 배가 되는 데 걸리는 기간}$$

물론 "9년은 너무 길지 않아요?"라고 할 수도 있다. 그러나 처음 9년간 두 배가 된 원금은 그에 그치지 않고 그다음 9년 동안 또다시 두 배가 된다는 사실을 기억하자. 다시 말해 18년 동안 원금은 네 배로 불어나는 것이다. 같은 원리로 27년 후에는 여덟 배, 36년 후에는 열여섯 배로 늘어난다.

복리는 처음 1년, 3년, 5년 동안엔 큰 변화가 느껴지지 않는다. 하지만 20년, 30년 등 시간이 길어질수록 막강한 힘을 발휘한다.

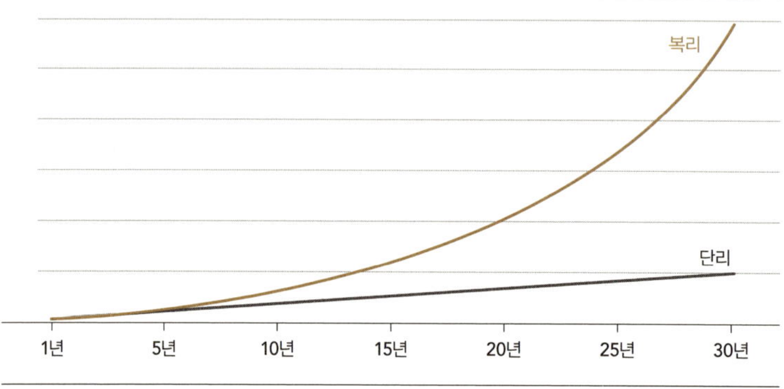

시간을 에너지로 삼아 강한 위력을 키우기 때문이다.

워런 버핏은 투자를 통해 재산을 엄청나게 불려 세계적인 갑부가 되었다. 그런데 그가 가장 많은 돈을 번 기간은 최근 10년이라고 한다. 버핏의 자산은 일정한 시간이 뒷받침되자 강력한 복리 효과를 발휘하면서 큰 규모로 증가한 것이다.

적은 돈이라고 우습게 보지 말고 함부로 소비하지 마라. 또한 은행 예금에 묶어두지 말고 항상 투자해두어라. 하루라도 빠른 투자를 통해 훗날 여러분도 복리의 마법에 따른 효과를 누리길 진심으로 바란다.

사람들은 당장 소비를 하지 않으면 현재의 행복을 포기하는 것으로 잘못 이해한다. 너무나 잘못된 편견으로 인해 미래의 자신을 망쳐버린다.

당신이
전문가다

스펜서 헤이우드Spencer Haywood라는, 1970년대 전성기를 누렸던 미국의 유명한 농구 선수가 있다. 1970년에 MVP를 수상했고 시애틀 슈퍼소닉스Seattle SuperSonics 팀의 전설적 선수로 기억된다. NBA 명예의 전당에도 이름을 올렸다.

헤이우드 선수는 한창 명성을 높이고 있을 때 나이키Nike로부터 후원 제안을 받았다. 나이키 농구화를 신고 경기를 뛰어준다면 그 대가로 두 가지 중 하나를 선택하여 받을 수 있다는 제안이었다. 하나는 현금 10만 달러, 다른 하나는 나이키 주식의 10%였다. 헤이우드는 자신의 에이전트에게 전화를 걸어 제안 내용을 설명하고 의견을 물었다. 에이전트는 "작은 기업의 주식은 언제 어떻게 될지 모른다. 당연히 현금 10만 달러를 선택하는 게 좋다."라고 대답했다. 그는 에이전트의 조언에 따라 주식 대신 현금 10만 달러를 택했다.

시간이 흐른 후 헤이우드는 그것이 자기 인생에 있어 최악의 의사결정이었다고 후회했다. 그로부터 45년이 더 지난 2025년 10월 16일 나이키의 시가총액은 1,000억 달러 정도에 이르렀다. 만약 당시 헤이우드가 10만 달러 대신 나이키 주식 10%를 택했다면 그 가치는 현재 100억 달러(약 14조 3,000억 원)가 되었을 것이다.

주식투자는 간단히 말해 그 기업의 동업자가 되는 것이다. 장기 투자하면서 그 기업이 성장하기를 기다리는 과정인 것이다. 역량을 지닌 기업을 선택해 오랜 기간 투자하면 엄청난 성과가 주어질 수 있음을 헤이우드의 이야기를 통해 알 수 있다.

각종 매스컴에 등장하는 소위 주식 전문가들로부터 "이번 주는 경제 상황이 좋지 않으니 주식을 매도하고 현금 비중을 늘리는 게 바람직하다." 등과 같은 이야기를 쉽게 들을 수 있다. 대부분의 사람들은 주식투자란 가격이 오르기 시작할 때 사고 내리기 시작할 때 팔아 이익을 남기는 기술이라 여긴다. 이러한 행위를 마켓 타이밍market timing이라 하는데, 이런 시각에서 주식투자에 접근할 경우의 단점은 장기적으로 큰 자산을 만들 기회를 놓친다는 것이다. 주식투자는 단순히 증권이라는 종이를 사는 것이 아니라 회사의 지분을 획득하는 것이다. 다만 오랫동안 투자할 수 있어야 한다는 조건이 따르기에, 투자기간을 길게 유지하는 사람이 절대적으로 유리하다. 여러분의 자녀들을 부자로 만들려면 주식이나 펀드(ETF)를 사주어야 하는 이유다.

항상 강조하지만 주식을 자주 사고파는 것은 현명한 투자 방법이 아니다. 많은 이들은 주식시장을 예측할 수 있다고 믿지만 주식시장이 좋아지고 나빠지는 데는 무한한 변수가 존재한다. 세계 경제 여건이나 국내 경기뿐만 아니라 정치와 외교 상황, 심지어는 사람들의 심리 등도 주가에 영향을 미치기 때문이다. 이 모든 것을 정확히 예측하여 살 때와 팔 때를 판단하고 이익을 남기겠다는 생각은 도박에 가깝다. 주식투자에서 마켓 타이밍을 좇는 사람들은 자신이 투자하려는 회사의 가치를 측정하지 않고 의미 없는 사고팔기를 거듭하며 수수료만 축낸다. 주가가 오를 때는 장밋빛 전망으로 성급하게 주식을 샀다가 주가가 조금이라도 내려가면 불안해하고, 더 손해를 보기 전에 빠져나와야겠다는 심리로 손절매를 해버린다.

이렇게 단기적 주식투자로 손실을 겪고 시간과 에너지를 허비한 사람들과 그 주변인들은 주식투자 자체가 나쁜 것이라는 편견을 갖게 된다. 그리고 이런 편견은 점점 퍼져나가 사회를 금융문맹으로 만든다. 주식투자의 본질이 마켓 타이밍에 연연하는 단기투자라면 주식투자는 위험하고 불건전한 것이 맞다. 하지만 주식투자는 게임이나 기술이 아닌 철학이다. 그렇기에 좋은 기업을 선택하여 그 기업의 주인이 되고 그 기업과 오랫동안 함께함으로써 성장의 열매를 나누겠다는 장기적 안목의 가치관이 바탕이 되어야 한다.

좋은 기업을 골라 투자했다면 그 기업의 가치를 보고, 외부 환경이나 주식시장 상황에는 휘둘리지 않아야 한다. 또한 긴 시간을 함께할수록 결과도 좋을 것이므로 특별한 매도 요인이 없다면 계속해서 투자해야 한다. 특별한 매도 요인이란 예를 들어 경영진이 비도덕적으로 변질되었다거나, 주가가 기업의 실제 가치보다 훨씬 높은 가격대까지 이유 없이 폭등한다거나, 시대와 기술의 변화로 제품이 소용없어지는 등 기업 자체의 상황이 바뀌는 경우를 말한다. 주식 시황은 오르고 내리고를 수없이 반복한다. 하지만 주식의 시가총액은 예외가 있긴 하나 장기적으로 계속 증가한다. 펀더멘털이 우수한 기업을 찾기 위해 노력하지 않고 마켓 타이밍만을 하는 투자는 현명하지 못하다. 그리고 이런 투자가들은 절대로 부자가 되지 못한다.

각종 미디어에는 많은 주식 전문가들이 등장한다. 하지만 나는 주식투자에는 전문가가 존재하지 않는다고 믿는다. 가격을 맞추는 것은 불가능한 일이다. 불가능한 것을 맞춘다고 주장하는 사람은 전문가가 아니다. 범람하는 주식투자 리딩방에 많은 사람들이 현혹되어 너무나 많은 금액을 지불하는 것을 보면 너무 안타까울 뿐이다. 진정한 전문가는 여러분이다. 스스로가 자신의 재정 상태를 가장 잘 알기 때문에 주식투자의 성공 여부는 소위 전문가의 도움이 아니라 라이프스타일을 바꾸려고 하는 여러분의 의지에 달려 있다. 이 점은 한시도 잊어서는 안 된다.

좋은 회사 고르는 법

좋은 투자 대상 회사를 선택하는 과정은 동업자를 구하는 것과 비슷하다. 동업을 할 때 가장 중요하게 고려해야 할 요소는 경영진의 질이다. 경영진이 어떤 철학과 비전을 가지고 경영하는지, 또 주주들을 위해 얼마나 투명하게 경영하는지가 회사의 장기 성장성에 영향을 미치기 때문이다. 경영진이 어떻게 돈을 벌고 쓰는지 종합적으로 판단할 필요가 있다. 이런 부분에 대한 정보는 인터넷에도 많이 나와 있고 기관투자가가 아니더라도 충분히 알 수 있다. 그렇다면 경영진에 대해서는 어떻게 알 수 있을까? 사람들은 큰 자금을 운용하는 기관투자가가 더 많은 정보를 가지고 접근할 수 있다고 생각하지만 실은 그렇지 않다. 정보는 영업보고서에 대부분 나와 있다. 영업보고서를 보면 그 회사의 CEO 경영방침이나 CEO 편지 등을 읽을 수 있다. 또 회사 이력을 통해 과거에 해당 회사에 어떤 일이 있었는지를 알 수 있는데, 이 정도의 정보만 있어도 그 회사와 동업해야 하는가의 여부를 결정할 수 있다.

또한 대차대조표라든가 손익계산서 등을 보면 그 회사가 돈을 어떻게 벌었고 어떻게 써오고 있는지를 구체적으로 파악함과 더불어 대강의 손익과 트렌드까지도 알 수 있다. 비용이 쓸데없는 데 사용되는 것은 아닌지, 혹은 대주주나 경영진의 사적인 소유사에 흘러 들어가는 돈은 없는지 등도 알아낼 수 있다. 투자할 때는 회사의 영업보고서를 가장 중요하게 보아야 한다. 단기적으로 주가의 등락을 맞추는 것은 불가능한 일이지만 영업보고서를 활용하면 장기적으로 회사의 수익성과 성장성을 파악할 수 있다. 이런 회사의 가치는 결국 그렇지 않은 기업에 비해 훨씬 더 커질 것이다.

공모펀드와 사모펀드

최근 들어 사모펀드에 대한 관심이 많이 늘어나고 있는데, 사모펀드와 공모펀드는 어떤 점에서 다른지 간략히 살펴보자.

이해하기 쉽게 이야기하자면 공모펀드는 은행이나 증권사에서 계좌 개설 등을 통해 손쉽게 매수할 수 있는 펀드를 의미한다. 일반인들이 손쉽게 매수할 수 있는 상품인 만큼 공모펀드에서는 투자자 보호가 중요하다. 때문에 금융감독원에서 정기적으로 검사나 조사를 실시하고 있으며, 투자자의 이익을 해치는 행위를 할 경우 관련 법과 규정을 통해 투자자들을 보호할 수 있는 다양한 장치들이 적용된다.

반면 사모펀드는 돈이 많고 펀드에 대해 잘 아는 소수의 사람들이 투자하는 펀드다. 미국의 경우 순자산 100만 달러 이상 또는 직전 2년간의 연소득이 20만 달러 이상이어야 하는 등의 자격 기준을 갖춰야 사모펀드에 투자가 가능하다. 대신 사모펀드는 투자자 보호를 위한 규제에선 비교적 자유롭다는 특징이 있다. 미국의 헤지펀드들이 여기에 해당된다.

그럼 사모펀드에는 왜 공모펀드의 경우처럼 까다로운 규제가 적용되지 않는 것일까? 이는 돈 많은 부자들이 감독기관의 규제에서 벗어나 자유롭게 투자하기를 원하고 돈이 많고 금융지식이 많은 부자들까지 국가가 보호할 필요는 없다고 여기기 때문이다. 말하자면 자신들은 투자 리스크 등에 대해 이미 알고 있고 알아서 투자할 테니 간섭하지 않았으면 좋겠다는 소수의 투자자들로 운영되는 것이 사모펀드인 것이다.

결론적으로 보면 공모펀드와 사모펀드의 가장 큰 차이는 투자자 보호 장치의 유무다. 투자자 보호 측면에서는 공모펀드가 훨씬 유리하다. 때문에 어느 정도 금융지식을 가진 사람이 아니라면 투자자 보호를 받을 수 없는 사모펀드에 함부로 투자하는 것은 경계해야 한다.

당장 시작해라,
일단 주식형 펀드(ETF)부터 시작해라

여기까지 이 책을 읽은 독자 여러분은 이제 주식투자의 중요성을 인식했으리라 믿는다. 온 가족의 경제독립의 중요성을 깨달았다면 사교육비나 과소비의 습관을 끊고 주식에 투자해야겠다고 결심하기를 진심으로 바란다. 결심을 했다면, 이제는 좀 더 구체적으로 어떻게 주식에 투자할 것인가를 고민해야 한다. 주식에 투자하는 방법은 두 가지가 있다. 하나는 직접 자신이 유망한 기업을 선택해서 투자하는 방법이고, 다른 하나는 간접적인 투자 방법인 주식에 투자하는 펀드(ETF)를 매입해서 투자하는 방식이다.

많은 사람들이 주식과 펀드의 차이점이 무엇인지, 주식과 펀드 중 어떤 것이 유리한지를 묻는다. 주식에 투자하는 것은 어떤 특정 기업의 주식을 고른 뒤 자신이 거래하는 증권사를 통해 매입하는 행위다. 주식을 사거나 팔려고 한다면 증권회사에서 계좌를 개설해야 한다. 다만 국내에만 3,000개 이상의 주식이 있기 때문에 어떤 주식을 사야 할지 처음에는 막막하고 투자에 첫발을 내딛기가 힘들 수 있다.

펀드는 투자에는 관심이 있지만 시간이 없거나 투자에 대한 훈련이 되어 있지 않은 투자가들을 위해 만든 제도다. 투자 대상에 따라 펀드의 종류가 구별된다. 주식형 펀드는 주식에 주로 투자하는 펀드, 채권형 펀드는 채권에 주로 투자하는 펀드다. 내가 이 책에서 다루려 하는 것은 주식형 펀드다.

그렇다면 주식에 직접 투자하는 것과 주식형 펀드에 투자하는 것 중 어느 것이 나에게 유리할까? 가장 먼저 해야 할 것은 세금 혜택을 받을 수 있는지 여부를 판단하는 것이다. 연금저축과 IRP 계좌부터 한도를 채우려는 노력을 해야 한다. 연금저축과 IRP 계좌를 합산해서 현행법으로 연간 1,800만 원이 한도다. 이 한도를 채우기 전에 직접투자를 하는 것은 현명한 투자 방법이 아니다. 연간 1,800만 원이 채워진 후에 직접투자를 해야 한다. 기업을 스스로 선택해서 직접투자하는 것보다는 펀드에 투자하는 간접투자부터 시작해야 한다. 그 이유는 퇴직연금이나 연금저축펀드 계좌에서는 간접투자만 허용되기 때문이다. 자신의 퇴직연금이 DC형이라면 당연히 퇴직연금 계좌를 주식형 펀드로 채워야 한다(70%가 현행법으로 최대 금액이다). 연금저축펀드 계좌를 개설해 주식형 펀드로 채워야 한다. 퇴직연금이나 연금저축펀드의 계좌를 통해 투자하는 이유는 세금 혜택을 받을 수 있는 장점이 있고 55세까지 투자를 유지해야 하는 강제성이 있기 때문이다(55세가 넘은 경우에는 5년 이상 계좌를 유지해야 한다).

가장 중요한 점은 지금 당장 시작해야 한다는 것이다. 이미 투자하고 있다고 해도 제대로 된 투자 철학에 근거해서 투자를 하고 있는지 점검할 필요가 있다. 주식투자의 당위성에 대해 공감하는 사람도 막상 주식투자를 시작하려면 평생 해보지 않은 일이라 두려워서인지 차일피일 미루곤 한다. 각종 매체에서 홍수같이 쏟아져 나오는 주식 관련 뉴스는 오히려 혼란만 준다. 주식투자에 대한 잘못된 인식을 가지면 끊임없는 불안과 혼란에 부딪히게 된다.

펀드를 고르는
방법

주식에 투자하는 방법으로는 직접투자보다는 간접투자를 먼저 해야 한다고 말씀드렸다. 세금 혜택을 받는 것이 우선순위이기 때문이다. 이번 절에서는 많은 펀드 중에서 어떤 펀드들이 좋은 것인지와 피해야 하는 펀드들을 알아보는 법을 배워보자.

첫 번째, 수수료를 확인하라

펀드를 고를 때 가장 먼저 봐야 할 것은 수수료다. 펀드에는 운용사가 가져가는 운용수수료와 판매사가 가져가는 판매수수료가 있다. 보통 운용수수료와 판매수수료를 합해 연 1~2% 안팎이지만, 장기적으로는 수익률에 있어서 엄청난 차이를 만든다. 연 1%는 10년이면 원금의 10%가 빠져나가는 셈이다. 따라서 1%를 크게 넘는 펀드는 피해야 한다.

두 번째, 성과보수 펀드를 조심하라

일부 펀드는 성과보수가 붙는다. 겉으로는 수익이 날 때만 일정 부분을 내는 구조라 좋아 보이지만, 실제로는 투자자의 몫을 줄이고 운용사의 단기 성과 추구를 부추긴다. 장기투자자에게 불리하다.

세 번째, 목표전환형 펀드를 피하라

목표 수익률에 도달하면 자동으로 채권 등 안전자산으로 바꾸는 구조다. 그러나 장기적인 자산 증식에는 전혀 맞지 않는다. 펀드는 단기 목표가 아니라 노후준비와 경제적 독립을 위한 장기 전략이어야 한다.

네 번째, 최근 6개월의 수익률을 자랑하는 펀드를 피하라

은행이나 증권회사의 창구에서는 최초 6개월의 수익률을 비교하면서 펀드를 권한다. 그러나 미래의 수익은 과거의 수익과는 전혀 무관하다. 오히려 더 불리할 가능성이 크다.

다섯 번째, ETF를 활용하라

ETF(상장지수펀드)는 일반 펀드보다 유리하기 때문이다.

- 수수료가 훨씬 낮다(일반 펀드의 1/8 수준).
- 주식처럼 거래소에서 자유롭게 사고팔 수 있다.

내가 펀드매니저를 할 때나 메리츠자산운용에서 대표를 지낸 기간 동안에는 ETF의 존재감이 크게 부각되지 않았지만 ETF가 펀드시장에서 대세를 이루는 것이 거스를 수 없는 추세다. 그 이유는 간단하다. 저렴한 수수료와 거래의 편리성 때문이다. 과거에는 펀드를 가입하려면 복잡한 절차를 거쳐야 했고 높은 수수료를 지불해야 했지만 지금은 ETF의 활성화로 인해 투자자들의 선택 폭이 훨씬 넓어졌다.

투자자들은 이제는 높은 수수료를 지불하면서 과거와 같은 펀드
에 가입하는 대신 ETF를 사는 것이 훨씬 유리할 수 있다. 은행이나
증권회사에서는 가능한 한 ETF의 편리성에 대해 여러분에게 알려
주려고 하지 않을 가능성이 크다. 자신들의 수수료가 크게 낮아지
기 때문이다. 결론적으로 펀드에 가입하는 것보다 ETF가 훨씬 유
리하다.

ETF는 주식뿐 아니라 채권, 원자재, 부동산(REITs)까지 투자할
수 있어 자산 배분에 적합하다. 젊은 투자자는 주식 비중을 높이
고, 은퇴가 가까운 투자자는 채권이나 배당형 REITs를 늘리는 식
으로 조정할 수 있다. 다만 레버리지 ETF, 인버스 ETF, 환율 헤지
형 ETF는 단기 투기에 불과하므로 피해야 한다.

여섯 번째, 가장 단순하면서도 강력한 선택

여전히 무엇을 골라야 할지 모르겠다면, 두 가지만 꾸준히 매입
하라.

- 미국의 500대 기업에 투자하는 S&P500 ETF
- 한국의 200대 기업에 투자하는 KOSPI200 ETF

이 두 가지를 자신이 원하는 비율로 꾸준히 사 모으는 것. 이것이야말로 장기투자의 가장 단순하면서도 가장 강력한 방법이다. S&P500 ETF보다 KOSPI200 ETF의 비중을 높일 것을 권한다. 한국의 기업이 훨씬 더 저평가되어 있기 때문이다.

편견에서
벗어나라

한국은 거의 모든 면에서 선진국의 대열에 들어섰지만 금융 분야에서만큼은 지극히 낙후되어 있다. 앞서 몇 차례 이야기했지만 한국의 금융문맹은 심각한 수준이다. 금융문맹은 한 사람 한 사람의 노후를 위협할 뿐만 아니라 한 나라의 경쟁력을 위협하기도 한다. 한국에 온 이후 나는 너무나 많은 사람들이 잘못된 편견에 사로잡혀 있다는 사실을 느꼈다. 여러 편견 중 대표적인 것들에 대해 알아보자.

주위를 둘러보면 대출받은 돈을 주식에 투자하는 이들이 있다. 하지만 주식투자 시 절대 하지 말아야 할 것 중 하나가 바로 이렇게 빚을 내서 투자하는 것이다. 왜 그럴까?

주식시장을 단기적으로 예측하기란 불가능하다. 그래서 주식투자는 장기적인 시각으로 해나가야 하는데, 빚을 내서 투자를 하면 장기투자가 어려워진다. 빚은 대부분 갚아야 할 날이 정해져 있기 때문에 빚으로 투자하다 보면 단기투자를 하는 습관이 생길 수밖에 없다. 그렇기에 주식투자는 여유자금으로 해야 하는 것이다. 일반적으로 사람들은 여유자금을 '쓰고 남은 돈'이라고 생각하는 경향이 있어서 자신에겐 여유자금이 없다고 여긴다. 하지만 여유자금은 쓰고 남은 돈이 아니라 소비를 하기 전에 '노후를 위해 미리 떼어놓는 돈'이다. 월급의 10%, 20%를 노후준비금으로 따로 떼어놓는 것이다. 투자에서 중요한 것은 바로 이러한 철학이다. 지금 빚을 내어 투자 중인 사람이 있다면 우선 그 빚부터 갚고, 이후 장기적 관점에서 주식에 투자하길 권한다. 주식투자에선 단기 매매를 하면 할수록 불리하다는 점을 기억하면서 말이다.

"아무개는 주식투자하다가 쫄딱 망했대."라는 대사가 지상파 방송 드라마에 거침없이 등장하는 나라는 전 세계 자본주의 국가 중 한국밖에 없다. 그만큼 한국인들은 주식투자에 대한 잘못된 편견을 강하게 갖고 있다는 뜻이 되겠다.

물론 상장이 폐지된 주식도 많다. 하지만 반대로 주가가 몇백 배 오른 주식도 얼마든지 있다. 문제는 '어떤' 주식에 '왜' 투자했는가의 과정인데, 이것을 전혀 고려하지 않는 분위기가 안타깝다. 올바른 철학하에 원칙대로 투자한다면 장기적으로는 반드시 성장하는 게 주식이다.

많은 사람들이 주식투자는 위험하다고 단정하고 심지어는 도박과 같은 것으로 여긴다. 각종 매스컴도 이러한 생각을 부추기고 주식투자는 가능한 한 피해야 하는 대상으로 취급하는데, 이는 아마 주식의 가격이 매일매일 변하기 때문이 아닐까 싶다. 변동성volatility과 위험risk에 대해 혼동을 하는 우를 범하는 것이다.

비록 주가는 매시간 가격이 변하고 예측할 수 없지만 좋은 기업을 대상으로 하는 장기적 주식투자는 경제독립, 노후준비에 가장 좋은 방법이다. 다시 한번 강조하지만 가장 큰 위험은 주식에 투자하는 것이 아니라 주식에 투자하지 않는 것이다.

많은 사람들은 주식투자에서 각종 정보가 많을수록 유리하고, 그렇기에 기관투자자들에 비해 가진 정보가 부족한 개인들은 기관투자자들에 비해 불리할 수밖에 없다고 생각한다. 많은 유튜버들이나 증권 전문가들 또한 그렇게 믿고 쉽게 단정 지어버린다. 그러나 나는 이런 의견에 전혀 동의할 수 없다.

투자에 실패하는 이들은 정보가 부족한 게 아니라 오히려 과해서 그릇된 투자결정을 내리는 경우가 대부분이다. 즉, 이미 알고 있는 정보를 잘못 해석하거나 과잉반응하기 때문이지 정보를 모르기 때문은 아니라는 것이다. 넘쳐나는 단기성 정보들이 장기투자를 방해하는 경우는 특히나 비일비재하다. 앞서 몇 차례 이야기했듯 펀더멘털이 우수한 기업의 주가는 오랜 기간을 거쳐 상승하는 것이 순리다. 그리고 기업 펀더멘탈에 대한 정보는 인터넷 등을 통해 누구나 쉽게 접하고 얻을 수 있다.

주식투자는 정보의 싸움이 아니라 참을성과 철학의 싸움임을 기억하자.

기관투자자에 비해 개인투자자가 훨씬 주식투자에 유리하다. 배로 비유하면 기관투자자는 항공모함이고 개인투자자는 작은 배라고 할 수 있다. 항공모함을 조정하는 것이 어려울까, 작은 배를 조

종하는 것이 어려울까? 답은 자명하다.

편견 4 부동산투자는 안심되지만 주식투자는 불안하다?

모든 투자는 확장성과 성장을 전제로 한다. 어느 상장회사의 주식을 매입한다는 것은 곧 그 회사의 지분을 취득하는 것이자 경영진과 동업자 관계가 된다는 것을 뜻한다. 이러한 주식 매입을 가능케 하는 것은 무엇일까? 바로 해당 회사가 향후 성장할 것이라는, 다시 말해 세월이 흐를수록 매출과 이익 및 자산 등이 증가할 것이란 믿음이다. 이런 믿음이 있기에 그 회사의 주식에 투자하여 성장을 공유하려는 것이다. 다만 단기적인 가격의 변화는 장기적인 과실을 얻기 위해 감수해야 한다. 위험과 변동성에 대해서는 앞서 설명한 바 있다.

부동산이 주식보다 안전하게 돈을 벌 수 있는 수단이라는 생각은 적절하지 않다. 부동산으로 돈을 버는 이유 중의 하나는 부채를 안고 하는 투자, 즉 레버리지 효과 때문이다. 그러나 이런 레버리지 효과를 언제나 얻을 수 있는 것은 아니다.

20%의 자기자본과 80%의 부채로 부동산을 매입했다고 가정해보자. 부동산 가격이 10% 상승하면 내가 투자한 자본의 수익률은 50%다. 하지만 부동산 가격이 10%가 하락할 경우엔 그와 반대로

50%의 손실을 보게 된다. 또 만약 부채가 없이 자기자본만 가지고 투자한 경우, 기회비용을 감안하면 장기적으로 봤을 때 부동산은 주식보다 좋은 투자 대상이 아니다.

투자에 관한 잘못된 지식과 편견은 왜곡된 자산 분배를 유발한다. 일본에선 부동산 가격의 지속적인 하락이 개인들의 노후에 심각한 부작용을 초래했다는 사실을 우리도 상기할 필요가 있다. 한국의 경우 개인 자산의 약 70~80%가 부동산에 묶여 있는데, 부동산 가격이 하락하면 일본의 경우처럼 심각한 문제가 될 수 있다. 위험을 분산하기 위해 우리도 선진국처럼 자산의 부동산 비중을 현격하게 낮춰야 할 필요가 있는 이유다.

편견 5 주위에 주식투자로 돈 번 사람이 없다?

부자들의 대부분은 주식을 소유하고 있는 사람들이다. 주식을 소유하고 있지 않은 부자를 찾기 힘들다. 주식에 투자하지 않는다고 말하는 부자들은 자신들이 주식을 소유하고 있다는 사실을 잊은 것뿐이다. 회사를 설립해서 큰 성공을 이룬 사람들은 자기 회사의 주식이 상장되지 않았을 뿐이지 주식을 소유한 것이기 때문이다. 상장주식이냐 비상장주식이냐만 다를 뿐 대부분의 부자들은 주식으로 재산이 불어난다. 그런데도 주식투자를 하면 가난해진다는 생각은 어디서 나온 것일까?

많은 사람들이 주식투자를 꺼리는 이유는 주식투자를 잘못해서 망한 이들이 주변에 많기 때문이라고 한다. 그런데 그렇게 망했다는 사람들의 사연을 들어보면 주식에 투자했다는 사실 자체 때문이 아니라 주식투자를 도박처럼 하다가 잘못된 경우가 대부분이다. 뉴스에 민감히 반응하며 쉴 새 없이 주식을 사고팔고 했기 때문이지 주식투자 자체가 잘못된 것은 아니라는 뜻이다. 이런 이들과 달리 주식에 장기적으로 투자한 사람들은 대개 큰 부자가 되었다는 사실을 알아야 한다.

편견 6 한국 경제는 어려우니 한국 주식에 투자하면 안 된다?

한국 경제를 바라보는 한국인들의 시각은 해외의 시각보다 더 비관적인 경향이 있다. 또한 실제 경제 상황과 주식시장의 등락이 언제나 같은 움직임을 보이진 않는다. 실물경제가 좋다고 해서 주식시장도 반드시 호황인 것은 아니라는 뜻이다. 주식시장이 민감하게 반응하는 요소는 이자율과 인플레이션이다. 실물경제가 좋을 때 오히려 주식시장이 하락세를 보이기도 한다. 호황기에는 오히려 이자율이 높아지고, 인플레이션 압력도 상승하기 때문이다. 한국의 경제성장률이 둔화된다거나 수출이 감소한다는 등의 경제지표들에 꼭 민감할 필요가 없다. 경기가 좋을 때든 나쁠 때든 기회는 항상 있다. 더불어 한국 기업들은 펀더멘탈에 비해 다른 나라들과 비교했을 때 낮은 가격으로 거래되고 있다는 점도 기억해두자. 반드시 기억할 것은 여러분은 기업에 투자한 것이지 주식시장에 투자한 것이 아니라는 점이다. 변덕스러운 주식시장에 일희일비하면 실패할 수밖에 없다. 여러분이 투자한 기업이 잘되고 있다면 그것이 가장 중요하다.

편견 7 주식은 사고파는 타이밍을 맞추기가 힘들다?

주식은 영어로 'Equity'인데, 소유권이라는 의미의 지분이라는 뜻이다. 그런데 주식투자를 주식의 매매 타이밍을 맞추는 것으로 잘못 이해하고 있는 이들이 많다. 하지만 주식은 팔기 위해 사들이는 대상이 아니라 오랜 시간 동안 투자해 성장의 과실을 나누려는 목적으로 취득하는, 그 회사의 소유권에 해당한다. 그렇기에 기업 펀더멘탈에 특별한 변화가 있는 경우가 아니면 매각할 필요가 없고, 따라서 매각 타이밍을 맞추기 위해 애써야 할 필요도 없다.

절대로 하지 말아야 할 행동이다. 누차 말하지만 주식투자는 곧 경영진의 능력을 믿고 장기적으로 기다리는 것이다. 돈을 버는 것은 경영진의 경영 능력에 달린 것이지 내가 주식을 사고파는 실력에 달린 것이 아님을 명심해야 한다. 학생이든 직장인이든 상관없이 주식에는 반드시 투자해야 하지만, 자신의 실력으로 돈을 벌어보겠다고 달려들면 실패하기 마련임을 기억하자.

언제 주식을 팔아야 할까?

많은 사람들이 매수한 순간부터 매도가격을 저울질한다. 나는 크게 세 가지 이유로 주식을 매도한다. 첫 번째는 주가가 회사 가치보다 과도하게 오르거나, 시장에서 소위 테마주 등으로 불리며 유행에 따라 올랐을 경우다. 두 번째는 지배구조의 심각한 변화 등 회사를 장기적으로 보유할 이유가 없어진 경우다. 세 번째는 사고 싶은 다른 좋은 주식이 생겼을 때다. 막연히 주가가 20% 올랐으니까 팔고 20% 손실이 났으니까 손절매를 하는 것은 좋은 투자 방법이 아니다. 회사의 미래 전망이 심각하게 손상된 경우가 아니라면 매각할 이유가 없다.

나는 1991년부터 2005년까지 15년 동안 코리아펀드를 운용하면서 해마다 전체 자산의 평균 10% 미만으로 주식을 사고팔았다. 즉, 주식 보유기간이 약 10년이었다는 뜻이다. 주식을 자주 사고판 것이 아니었음에도 나는 주가지수 대비 해마다 평균 10% 이상의 초과수익을 냈다.

장기투자의 장점을 알아도 사람들이 단기투자에 집착하는 것은 너무 많은 뉴스와 정보 속에서 주관적으로 생각할 여유가 없고, 기업에 투자하면서도 기업 자체보다는 주식 시세의 흐름만 보는 습관 때문이다. 장기투자의 필요성에 동의했다면 그에 따르는 숙제도 해야 한다. 좋은 회사를 찾아내기 위한 시간과 노력을 들여야 한다는 뜻이다. 공짜 점심은 없다. 하지만 마켓 타이밍에 쓸데없는 시간을 낭비하지 않고 장기적으로 어떤 회사를 고를 것인가를 고민한다면 이미 주식투자의 절반은 성공한 것이다.

주식투자의 성공 여부는 어떤 주식을 장기적으로 보유하는 것인지에 달려 있지 마켓 타이밍에 있지 않다는 것을 명심해야 한다.

한국 주식의
매력

강연을 다니다 보면 늘 받는 질문이 있다.

"선생님, 미국 주식이 좋은가요, 아니면 한국 주식이 좋은가요?"

내 대답은 이렇다.

"미국 주식도 좋지만, 한국 주식에 더 많은 비중을 두어야 합니다."

이유는 단순하다. 한국 기업의 주식이 미국 기업보다 훨씬 낮은 가격에 거래되고 있기 때문이다. 본질적인 가치에 비해 지나치게 저평가되어 있는 것이 현실이다. 이것을 우리는 '코리아 디스카운트'라고 부른다. 똑같은 기업이라도 한국에 상장되어 있다는 이유 하나만으로 할인된 가격에 거래되는 것이다.

이 배경에는 한국 기업의 지배구조가 미흡하다는 인식이 자리 잡고 있다. 또 하나의 이유는 한국인의 자산 중 주식 비중이 지나치게 낮기 때문이다. 퇴직연금에서 주식 비중은 세계 최하위 수준이다. 그 결과 한국 주식은 늘 저평가된 상태로 방치되어 왔다.

투자에서 중요한 것은 두 가지뿐이다.

첫째, 가격.

둘째, 미래 경쟁력.

지금 한국 기업들은 가격 측면에서 압도적으로 유리하다. 어떤 기업은 청산가치의 절반에도 못 미치는 가격에 거래되고 있다.

왜 이런 일이 벌어질까? 이유는 하나다. 주주의 권익이 충분히 보장되지 않는다는 인식 때문이다. 그러나 흐름은 바뀌고 있다. 한국의 법과 제도는 점점 주주 친화적인 방향으로 나아가고 있다. 변화가 현실화되면, 기업 가치는 재평가되고, 시가총액은 자연스럽게 늘어나며, 자금조달 비용은 낮아진다. 결국 그 결실은 투자자에게 돌아온다.

"한국 기업에는 투자하면 안 된다."라는 냉소적인 말은 옳지 않다. 진정한 투자는 편견을 내려놓는 데서 시작한다. 한국 기업은 저평가되어 있고, 제도는 개선되고 있으며, 미래 경쟁력은 충분하다.

우리는 한국 주식을 외면해서는 안 된다. 오히려 이 기회를 붙잡아야 한다. 싸게 거래되는 지금이야말로 기회다.

한국 주식

한국은 민주주의 제도를 갖춘 나라다. K-민주주의는 투명성과 개방성을 지향한다. 물론 아직 한국 자본시장은 '코리아 디스카운트'라는 오명을 완전히 벗지 못했다. 하지만 방향은 분명히 바로 서 있다. 한국의 자본시장 선진화를 위한 정부의 의지가 확고하다. 최근 일련의 상법 개정이 이것을 증명한다.

이번 개정의 핵심은 두 가지다.

첫째, 자산총액 2조 원 이상의 상장회사는 이사 선임 시 집중투표제를 의무적으로 도입해야 한다. 둘째, 감사위원 선임 시 대주주의 의결권 제한 규정(3% 룰) 아래서, 기존 1명이던 감사위원을 2명으로 확대해야 한다. 말은 복잡해 보이지만, 쉽게 말해 앞으로 이사회는 대주주 마음대로만 꾸려질 수 없고, 소액주주의 목소리도 반영될 수 있게 됐다는 의미다.

집중투표제가 도입되면 이사회는 더 이상 대주주의 '거수기'가 아니다. 소액주주들이 힘을 모아 자신들의 의견을 반영할 수 있는 이사를 선출할 수 있고, 이는 곧 회사의 투명성과 책임성을 높인다. 지금까지 한국의 기업 지배구조는 대주주 위주로 흘러왔고, 이사회는 사실상 형식적인 존재에 불과했다. 그 결과가 무엇이었는가. 금융위기와 각종 스캔들, 그리고 시장에 대한 불신이었다. 그러나

이번 개정으로 상황은 달라진다. 다양한 목소리가 들어온 이사회는 더 공정하고 건강한 자본주의를 만들어낼 것이다.

이 변화는 한국 시장의 투자 매력을 근본적으로 끌어올린다. 기업의 지배구조 개선은 단순한 내부 문제가 아니라, 시장 전반의 신뢰도를 바꾸는 결정적 요인이기 때문이다. 외국인 투자자들이 한국을 '저평가된 시장'으로 치부한 가장 큰 이유는 투명성 부족과 불안정한 지배구조였다. 그 고질적 병폐를 치유하는 변화가 시작된 것이다. 시간은 좀 걸릴 수 있지만, 제도를 통해 도전받기 시작했다는 점에서 의미가 크다. 이는 한국 시장의 '코리아 디스카운트'를 줄이는 중요한 신호다.

여기에 한국 경제의 산업적 강점까지 더해진다. 한국은 단일 산업에 의존하는 나라가 아니다. 반도체와 같은 첨단 산업뿐만 아니라, K-팝·K-드라마·K-영화 같은 문화 콘텐츠, K-뷰티, 음식, 문학, 핀테크까지 뻗지 않은 산업이 없다. 최근에는 미용실 브랜드 주노헤어마저 글로벌 사모펀드 블랙스톤에 매각될 정도로, 한국의 생활 산업조차 세계 자본이 주목하는 단계에 이르렀다.

이것이 한국 시장의 힘이다. 산업의 폭이 넓고 성장 동력이 다양하다. 특정 산업이 흔들려도 다른 산업이 받쳐주는 구조다. 이는 곧 장기투자자에게 안정성과 기회를 동시에 제공한다. 이제 여기에 기업 지배구조 개선이라는 제도적 변화까지 더해진다. 시장의 신뢰는 하루아침에 완성되지 않지만, 방향이 바로 서 있다면 반드시 달라진다.

나는 확신한다. 한국 주식은 대한민국 국민이 반드시 꾸준히 모아야 할 자산이며, 세계 자본이 곧 주목하게 될 시장이다. 인도와 베트남이 '잠재력'을 내세운다면, 한국은 '제도와 산업'을 동시에 갖춘 나라다.

K-Capitalism, 한국형 건강한 자본주의를 기대해본다.

한국 주식시장의 특징

한국 주식시장은 다른 선진국 시장과 비교할 때 몇 가지 뚜렷한 특징이 있다. 이 특징을 이해하는 것은 투자자가 한국 시장에서 장기적으로 성공하기 위해 반드시 필요한 출발점이다.

첫째, 코리아 디스카운트다.

한국 기업들은 이익 대비 주가가 낮게 평가되는 경우가 많다. 불투명한 지배구조, 낮은 배당 성향, 대주주 중심의 의사결정이 그 이유다. 그러나 이것은 치명적인 약점이면서 동시에 기회다. 제도 개선과 주주 인식의 변화만으로도 저평가된 기업이 제 가치를 인정받을 수 있기 때문이다.

둘째, 외국인 투자다.

한국 증시는 외국인 자금의 유입과 유출에 따라 크게 흔들린다. 글로벌 자금 흐름이 한국 시장의 단기 변동성을 키우는 것이다. 그러나 이것은 동시에 기회의 신호다. 외국인 투자자들이 끊임없이 한국에 주목한다는 사실은 한국 시장이 성장성과 매력을 갖고 있다는 뜻이다.

셋째, 퇴직연금, 연금저축펀드다.

연기금과 기관은 장기투자자로서 본래 중요한 역할을 해야 하지만, 그동안 한국의 주식시장에서 적극적이지 못했다. 책임투자와 의결권 행사에 소극적이었고, 단기 성과에 치중하는 경우가 많았다. 그러나 최근 디폴트 옵션 제도 도입, ESG 투자의 확산 등으로 변화의 조짐이 나타나고 있다. 기관이 본래 역할을 다할 때, 한국 자본시장은 한 단계 도약할 수 있다. 특히 퇴직연금과 연금저축펀드 등 장기적인 양질의 자금이 크게 늘고 있다. 이러한 자금이 한국 주식시장에 본격적으로 투자된다면 미국과 같이 한국의 주식시장도 한 단계 업그레이드될 가능성이 크다.

넷째, 한국의 빠른 변화 속도다.

한국은 IT, 인터넷, 플랫폼 산업 등에서 세계적으로 가장 빠르게 변화를 흡수하는 시장이다. 미래의 변화에 맞추어 새로운 혁신적인 기업이 탄생할 토양과 인프라가 갖추어져 있다. 한국 주식시장은 아직 미완성이다. 그러나 바로 그 미완성이 가장 큰 잠재력이다. 이러한 잠재력이 현실화된다면 한국의 주식시장은 큰 이익을 가져다줄 수 있다.

주식투자의
기본상식

주식투자에 있어서 중요한 것은 금융에 관한 언어를 이해하는 일이다. 금융에서 쓰이는 전문용어나 콘셉트가 금융에 접근하는 데 두려움을 가져다준다. 하지만 알고 보면 어려운 것이 아니다. 주식투자에서 반드시 필요한 용어와 콘셉트를 알아보자.

가장 먼저 갖춰야 할 것은 기초를 보는 눈이다. 단순히 주가의 등락만 보아서는 안 된다. 기업의 크기, 재무상태, 그리고 시장이 그 회사를 어떻게 평가하는지를 이해해야 한다. 다음의 기본 개념은 투자자가 반드시 알아야 할 최소한의 도구다. 기업이 상장되어 있다는 것은 곧 모든 재무정보와 주요 의사결정을 공개할 의무가 있다는 뜻이다. 투자자는 이를 활용해 언제든 기업의 정보를 확인할 수 있다.

(1) 시가총액의 개념과 계산 방법

시가총액은 기업의 몸값이다. 주가에 발행 주식 수를 곱하면 나온다. 하지만 단순한 계산으로 치부해서는 안 된다.

- 시가총액이 크다는 것은 그 기업이 시장에서 더 큰 신뢰를 얻고 있다는 뜻이다.
- 시가총액이 커지면 기업의 신용도가 올라가고, 자금조달 비용이 낮아진다.
- 이는 다시 새로운 성장의 발판이 된다.

시가총액의 성장은 곧 기업과 주주, 그리고 사회 전체의 부를 키워나가는 과정이다.

(2) 재무제표의 세 가지 축

재무제표는 기업의 성적표이자 건강검진표다. 재무제표를 통해 기업이 돈을 얼마나 벌고, 얼마나 빚이 있으며, 앞으로 얼마나 버틸 수 있는지를 알 수 있다.

　기업을 제대로 이해하려면 반드시 이 세 가지를 읽을 수 있어야
한다.

- **재무상태표**Balance Sheet: 특정 시점의 자산, 부채, 자본을 보여준
  다. 기업이 얼마나 튼튼한 기초 체력을 갖고 있는지 나타낸다.
- **손익계산서**Income Statement: 일정 기간 동안 기업이 얼마나 벌고,
  얼마나 썼는지를 보여준다. 이익이 꾸준히 증가하는가를 확
  인하는 출발점이다.
- **현금흐름표**Cash Flow Statement: 실제로 돈이 어떻게 들어오고 나
  가는지를 보여준다. 회계상의 이익이 아니라, 실제 현금을 창
  출할 수 있는 기업인가를 판단하는 열쇠다.

(3) 투자자가 꼭 알아야 할 지표

1) PER(주가수익비율)

- **공식 1**: PER = 시가총액 ÷ 당기순이익
- **공식 2**: PER = 주가 ÷ 주당순이익(EPS)

  (EPS = 당기순이익 ÷ 발행 주식 수)

- **재무제표 출처**: 손익계산서(당기순이익)

- **의미**: 기업 전체 몸값이 연간 이익의 몇 배로 평가되는가. PER 10배라면 이익이 같은 수준으로 유지될 경우 투자금 회수에 10년이 걸린다.
- **주의점**: 순이익 변동성, 업종별 적정 수준, 성장성 반영 부족.

2) PBR(주가순자산비율)

- **공식 1**: PBR = 시가총액 ÷ 순자산
- **공식 2**: PBR = 주가 ÷ 주당순자산(BPS)

  (BPS = 순자산 ÷ 발행 주식 수, 순자산 = 자산 − 부채)

- **재무제표 출처**: 재무상태표(자산·부채·자본)
- **의미**: 기업의 몸값이 장부가치(순자산)의 몇 배인가. PBR 1배 이하면 자산가치보다 싸게 거래된다는 뜻이다.
- **주의점**: 자산이 많아도 수익성이 낮으면 당연히 저평가될 수 있다. 반드시 ROE와 함께 봐야 한다.

3) PCR(주가현금흐름비율)

- **공식 1**: PCR = 시가총액 ÷ 영업활동현금흐름
- **공식 2**: PCR = 주가 ÷ 주당현금흐름(CFPS)

  (CFPS = 영업활동현금흐름 ÷ 발행 주식 수)

- **재무제표 출처**: 현금흐름표(영업활동현금흐름)

- **의미**: 기업의 몸값이 실제 현금 창출력의 몇 배인가. 이익보다 현금흐름이 더 정직하다.
- **주의점**: 일시적 변동이 크므로 PER과 함께 보아야 '이익의 질'을 판단할 수 있다.

4) ROE(자기자본이익률)

- **공식 1**: ROE = 당기순이익 ÷ 자기자본 × 100
- **공식 2**: (EPS ÷ BPS) × 100

    (EPS = 순이익 ÷ 주식 수, BPS = 순자산 ÷ 주식 수)
- **재무제표 출처**: 손익계산서(순이익) + 재무상태표(자기자본)
- **의미**: 주주의 돈(자기자본)을 얼마나 효율적으로 불려주었는가. 장기투자에서 가장 중요한 지표다.
- **주의점**: 단기 이익 증가나 부채 확대 때문에 일시적으로 높아질 수 있으므로 장기간 꾸준히 유지되는지 봐야 한다.

정리

PER = '이익 대비 가격' (손익계산서)

PBR = '자산 대비 가격' (재무상태표)

PCR = '현금창출력 대비 가격' (현금흐름표)

ROE = '자본을 활용한 수익성' (손익계산서 + 재무상태표)

5) EV/EBITDA

- **공식**: EV/EBITDA = 기업가치(EV) ÷ 세전영업이익(EBITDA)

  ① EV(Enterprise Value) = 시가총액 + 순부채(총부채 − 현금성 자산)

  ② EBITDA = 영업이익 + 감가상각비 + 무형자산상각비(손익계산서 기반)

- **재무제표 출처**: 재무상태표(부채·현금), 손익계산서(영업이익, 상각비)

- **의미**: 기업을 인수했을 때 몇 년 만에 투자금을 회수할 수 있는지를 보여주는 지표다. 글로벌 M&A 시장에서 가장 널리 쓰인다. EV/EBITDA가 낮다는 것은 기업가치가 영업활동 현금창출력 대비 저평가되어 있다는 뜻이다.

- **주의점**:

  ① 감가상각비가 큰 산업과 그렇지 않은 산업 간 비교는 조심해야 한다. 같은 산업군끼리 비교하는 게 더 적절하다.

  ② EBITDA는 실제 현금흐름과 차이가 있을 수 있으므로 현금흐름표와 함께 봐야 한다.

  ③ 인수합병 시장에서는 표준처럼 쓰이지만, 일반 투자자에게는 보조 지표다.

6) 배당수익률(Dividend Yield)

- **공식**: 배당수익률 = 배당금 총액 ÷ 시가총액

  배당수익률 = 주당 배당금(DPS) ÷ 주가 × 100

  (DPS = 당기순이익 중 배당금 총액 ÷ 발행 주식 수, 손익계산서 +

  주주총회 결의)

- **재무제표 출처**: 손익계산서(순이익), 현금흐름표(배당금 지급), 주
  주총회 의결 자료

- **의미**: 주가 대비 얼마만큼 배당을 받는지를 보여준다. 예를 들
  어 배당수익률이 5%라면, 은행 예금이자 5%를 받는 것과 같
  다. 꾸준히 지급하는 배당은 장기투자자에게 안정적인 현금
  흐름을 제공한다.

- **주의점**:

① 배당수익률이 높더라도 일시적인 현상일 수 있다(주가 하락으로
분모가 줄어든 경우).

② 배당을 꾸준히 지급하는 기업인지 확인하는 것이 핵심이다.

③ 배당만 보고 투자하면 성장성을 놓칠 수 있다.

정리

EV/EBITDA = "기업을 인수했을 때 현금창출력으로 몇 년 만에
원금을 회수하는가?"

배당수익률 = "투자자가 주가 대비 얼마나 안정적인 현금흐름을 받는가?"

이 두 가지를 PER·PBR·PCR·ROE와 함께 본다면, 입문자들도 '성장성 + 안정성 + 수익성'을 균형 있게 판단할 수 있다.

그런데 이런 기초 정보를 어디서 확인할 수 있을까?

- **네이버 증권**: 종목명을 검색하면 간단한 재무제표(매출, 영업이익, 순이익, PER, PBR 등)가 보기 쉽게 정리되어 있다.
- **증권사 앱·홈페이지**: 키움, 미래에셋, NH, 삼성 등 거의 모든 증권사에서 차트뿐 아니라 재무제표와 기업 분석 리포트를 무료로 제공한다.
- **금융감독원 전자공시시스템**DART: 기업이 제출하는 공식 공시자료(사업보고서, 분기보고서, 감사보고서)를 원문 그대로 확인할 수 있다.

(4) 좋은 기업을 고르는 지표

좋은 기업을 고른다는 것은 결코 모호한 일이 아니다. 몇 가지 분명한 원칙만 알면 누구나 시작할 수 있다. 투자자는 애매한 직감이 아니라, 단호한 기준으로 회사를 걸러내야 한다.

첫째, 내가 이해하지 못하는 기업에는 절대 투자하지 마라.

사람들은 종종 남이 추천하는 기업에 돈을 넣는다. 그러나 내가 무슨 사업을 하는지도 모르는 회사에 투자하는 것은 도박과 다르지 않다. 고객으로서 경험할 수 있고, 내가 설명할 수 있는 기업만이 투자 대상이 된다.

둘째, 적자를 반복하는 기업은 피하라.

기업은 기본적으로 돈을 벌어야 존재한다. 영업이익과 순이익이 5년 이상 꾸준히 흑자를 내지 못했다면, 아무리 화려한 스토리를 포장해도 좋은 기업이 아니다. 꾸준히 이익을 내는 회사만이 위기에도 버틴다.

셋째, 재무구조는 냉정히 보라.

부채비율이 높고 차입에 의존하는 기업은 위기 앞에서 무너진다. 자기자본이 튼튼한 기업은 불황을 기회로 바꾸지만, 빚에 기대어 성장한 회사는 반드시 쓰러진다. 돈이 없으면 성장은 멈추고, 부채는 회사를 옥죄기 시작한다.

넷째, ROE는 투자자의 나침반이다.

ROE는 경영진이 주주의 자본을 얼마나 효율적으로 불리고 있는지 보여준다. 업종 평균보다 낮은 ROE를 계속 기록한다면, 그 회사는 주주의 돈을 낭비하고 있는 것이다. 반대로 꾸준히 높은 ROE를 기록하는 기업은 이미 좋은 기업이다.

다섯째, 주주환원 정책은 회사의 철학을 드러낸다.

배당을 일관되게 지급하고, 필요할 때 자사주를 매입·소각하는 기업은 주주를 동반자로 대한다. 배당을 하다 말다 하는 기업은 주주를 존중하지 않는 기업이다. 철학 없는 기업에 장기투자를 기대해서는 안 된다.

여섯째, 경영진의 철학과 지배구조를 살펴라.

기업의 성패는 결국 사람이 좌우한다. 회계 부정, 오너 리스크, 이익 편취가 반복되는 회사는 어떤 숫자로도 포장할 수 없다. 경영진이 주주와 같은 방향을 바라보는지, 투명하게 책임을 지는지 반드시 확인해야 한다.

마지막으로, 성장의 여지를 가진 기업을 찾아라.

시가총액이 커진다는 것은 단순히 주주의 자산이 늘어난다는 의미가 아니다. 기업의 신용도가 올라가고, 자금조달 비용이 줄어들며, 다시 그 돈으로 더 큰 성장을 이룰 수 있다. 시가총액의 성장은 곧 기업과 주주, 그리고 사회 전체의 부를 함께 키워나가는 과정이다.

좋은 기업은 멀리 있지 않다. 내가 이해할 수 있고, 꾸준히 돈을 벌며, 주주를 존중하고, 재무구조가 튼튼한 기업이 바로 그런 기업이다. 투자자는 이 원칙에서 벗어나지 말아야 한다. 그래야만 장기투자가 진정한 힘을 발휘한다.

3장

YOU CAN

경제독립을 위한 여정 10단계

(10 Steps to Financial Freedom)

DO IT!

여정을
시작하면서

이 책의 1장에서는 열심히 일하고도 부자가 되지 못하는 이유를 살펴보았고, 2장에서는 부자가 되려면 돈이 일하게 해야 한다는 점과 주식에 꼭 투자해야 하는 당위성에 대해 살펴보았다. 이제 여러분은 돈에 대한 철학을 갖게 되었고, 경제적 자유를 얻기 위해서는 자신이 돈을 위해 일할 것이 아니라 자신을 위해 돈이 일하게 만들어야 한다는 점에 공감할 줄로 믿는다. 당신이 부자가 되지 못하고 노후가 점점 불안해지는 근본적인 이유에 대해서도 이해했을 뿐 아니라 라이프스타일을 바꾸고, 잘못된 소비를 투자로 전환하고, 하루라도 일찍 노후준비를 해서 경제적 자유를 얻는 것이 그어떤 일보다 중요하다는 점 또한 깨달았을 것이다. 하지만 단순히 깨닫기만 하는 것은 아무런 의미가 없기에 이제는 그 깨달음을 실행으로 옮겨야 한다.

경제독립을 향한 여정은 길고 고단하게 느껴질 수 있다. 주식시장의 변동을 경험하면 자신의 투자철학이 흔들리는 경우도 허다할 것이고, 가끔 언론이나 유튜브, 인터넷, SNS 등에서 "단기간에 큰돈을 벌 수 있다."는 내용을 접하고신 유혹에 흔들릴 수도 있다. 그러나 경제적 독립은 하루아침에 이루어질 수 없는, 조금씩 매일매일 실천해야 성취 가능한 목표다. 짧은 시간 안엔 어렵지만 장기적으로는 누구든 부자가 될 수 있으니, 긍정적인 마음으로 한 계단 한 계단 밟아나가는 현명함이 필요하다.

이번 장에서는 부자가 되는 방법, 즉 경제독립을 위한 열 단계를 구체적으로 제시하고자 한다. 각 단계의 방법은 어렵지 않으니 누구나 쉽게 이해할 수 있을 것이다. 그 방법들을 바탕으로 여러분이 경제적 자유를 얻기를 진심으로 바란다.

자신의 자산·부채 현황표를 만들어라
Financial Fitness

잃었던 건강을 되찾으려 할 때와 마찬가지로 경제독립에 이르는 길도 오랜 시간과 과정을 필요로 한다. 건강에 좋은 생활습관을 꾸준히 유지해야 다시 건강해질 수 있는 것처럼, 경제독립을 위해서도 그것을 위한 구체적인 행동을 매일매일 꾸준히 실천해나가야 한다.

자신의 건강에 문제가 있음을 알게 되었을 때 우리가 가장 먼저 할 일은 무엇일까? 아마 현재의 자기 몸이 어떤 상태에 있는지부터 정확하게 파악하는 일일 것이다. 현재 상태에 대한 분석이 선행되어야 그것을 바탕으로 식생활을 어떻게 바꾸고 어떤 운동을 할 것인지 등의 계획을 세울 수 있을 테니 말이다.

경제독립을 하는 과정을 영어로 'Financial Fitness'라고 표현하기도 한다. 재정적으로 건강하게 되는 과정은 우리 몸을 튼튼하게 하는 과정과 흡사하기 때문이다.

경제독립을 위한 여정도 Fitness와 마찬가지로 자신의 경제 상태를 파악하는 것에서 시작한다. 기업의 전반적 재무 상태를 파악하려면 대차대조표를 분석하는 것처럼, 자신의 경제적 상태를 파악할 수 있도록 자신의 자산·부채 현황표를 만드는 것이 1단계의 과제다. 자산·부채 현황표는 어렵지 않게 만들 수 있다. 217페이지의 표와 같이 종이를 크게 좌우 두 칸으로 나눈 다음 왼쪽에는 나의 자산을, 오른쪽에는 부채를 기록해보자.

왼쪽의 자산란에는 현금, 예금·적금, 주식, 펀드, 보험, 부동산, 퇴직연금 등 현재 보유 중인 자산을 항목별로 적어 넣는다. 오른쪽 부채란에는 신용카드, 마이너스통장, 자동차할부금, 주택담보대출, 기타 은행대출 등 보유한 부채를 기입한다. 왼쪽 항목을 모두 합친 것이 총자산, 오른쪽 항목을 모두 합친 것이 총부채고, 총자산에서 총부채를 뺀 숫자가 현재 자신의 순자산, 다르게 표현하면 자신의 금융건강 상태다. 자산이 부채보다 큰 경우엔 순자산 상태, 자산이 부채보다 적다면 순부채 상태에 해당한다.

자산·부채 현황표 작성 시 주의해야 할 점이 하나 있다. 자산을 기입할 때 자동차, 보석, 명품 의류나 가방, 액세서리 등은 포함시키지 말자. 이러한 물건들은 나의 노후를 위해 일하는 자산이 아니기 때문이다. 다시 말해 자산 기입란에는 부동산, 예·적금, 펀드, 주식, 보험 등 자신의 노후를 위해 일하고 있는 것들만 기록해야 한다.

자산·부채 현황표는 한 번의 작성으로 그치는 게 아니라 정기적으로 점검하여 자신의 재무 상태가 점차 개선되고 있는지 확인해야 한다. 순자산가치를 꾸준히 늘리는 것이 노후를 준비하는 과정이자 목표다. 순자산가치가 현재 미미하거나 마이너스라 해도 실망할 필요는 없다. 중요한 것은 현재가 아닌 미래이기 때문이다. 그러니 긍정적으로 생각하고 꾸준하게 투자하며 복리의 마법을 항상 상기하자.

순자산가치는 시간이 흐를수록 증가해야 한다

총자산에서 총부채를 뺀 순자산가치가 시간이 흐를수록 늘어나야 한다는 것은 너무나 당연한 얘기다. 순자산가지를 증가시키려면 투자자산을 늘림과 동시에 부채는 가능한 한 빨리 줄여야 한다. 지출을 줄여 여유자금을 만들고, 그 돈으로 투자를 하거나 부채를 갚아나가면 된다.

투자를 먼저 할 것인가, 부채를 먼저 갚을 것인가에 대한 논의는

뒤의 세 번째 단계에서 다루기로 한다. 한 가지 분명한 사실은 자산을 늘리고 부채를 줄이려면 라이프스타일의 과감한 변화가 필요하다는 것이다. 부자처럼 보이려는 소비를 줄이고 부자가 되고 싶은 열망을 가져야 한다는 점을 명심하자.

이러한 자산·부채 현황표 작성을 통해 자신의 순자산가치를 파악했다는 사실만으로도 당신은 그렇지 못한 대다수의 사람들보다 앞서 있다고 자부해도 좋다. '시작이 반'이라는 속담도 있지 않은가. 중요한 것은 경제독립을 위한 긴 여정을 시작했다는 점이고, 일단 시작했으니 멈추지 말고 꾸준히 계속하면 된다. 나이가 들어갈수록 커지는 자산은 당신이 경제독립을 향해 끝까지 나아갈 수 있게 도와주는 힘이 될 것이다.

자신의 자산과 부채를 기록해보세요

자 산		부 채	
현금	원	신용카드	원
예금·적금	원	마이너스통장	원
주식	원	자동차 할부금	원
펀드	원	주택담보대출	원
보험	원	기타 은행대출	원
부동산	원		
퇴직연금	원		
총자산	원	총부채	원

총자산 - 총부채 =

수입·지출 현황표를 만들어라
Pay Yourself First!

자산·부채 현황표를 통해 현재 자신의 경제 상태를 파악했다면, 그다음 단계에선 수입과 지출 상태를 들여다봐야 한다. 내 순자산 가치를 증가시키기 위해 나는 어떤 경제생활을 하고 있는지 살펴보는 것이다.

수입·지출 현황표 작성은 자신이 얼마나 벌고 쓰는 중인지 파악하고 수입과 지출 두 부분에서 개선해야 할 점을 찾아내는 과정이다. 기업을 예로 들자면 기업의 자산과 부채는 재무상태표에, 기업의 영업 내용은 손익계산서에 드러난다. 이때의 손익계산서에 해당하는 것이 개인의 경우엔 수입·지출 현황표라고 할 수 있다.

개인의 수입·지출 현황표는 기업의 회계 담당자가 작성하는 것처럼 복잡하게 만들 필요가 없다. 자산·부채 현황표처럼 표를 크게 좌우 두 칸으로 나누어 왼쪽에는 수입을, 오른쪽에는 지출을 기록하면 된다. 왼쪽의 수입란에는 본인과 배우자의 수입, 임대료 수입, 이자수익, 배당수익, 기타 수익을, 오른쪽의 지출란에는 생활비, 월세, 대출원리금 상환액, 교육비, 자동차 유지비, 통신비, 외식비, 부모와 자녀의 용돈 등 다달이 빠져나가는 모든 지출을 항목별로 기록한다.

지출이 수입을 초과해선 안 된다

수입·지출 현황표에서 왼쪽 항목을 모두 합친 것은 총수입, 오른쪽 항목을 모두 합친 것이 총지출이다. 그리고 총수입에서 총지출을 뺀 금액이 현재 자신의 경제생활 성적표다. 만약 이 금액이 마이너스라면, 다시 말해 총지출이 총수입보다 많다면 당신은 현재 경제독립과 멀어지는 라이프스타일을 가지고 있다는 뜻이다. 평범한 사람들이 수입 항목에서 변화시킬 수 있는 여지는 그다지 크지 않다. 우선 수입에선 급여처럼 정기적으로 들어오는 고정수입과 변동수입이 있다. 근무 외 시간을 활용한 아르바이트나 중고용품 판매 등을 통해 변동수입을 다소 늘릴 수는 있겠지만 고정수입을 늘리기란 쉽지 않다. 월급이 갑자기 크게 올라가는 경우는 드물기 때문이다.

하지만 수입의 변화가 없더라도 지출은 개인의 노력 여하에 따라 얼마든지 달라질 수 있다. 매달 300만 원의 월급을 받는 사람이 200만 원을 지출하면 100만 원이 남지만 350만 원을 버는 사람이 300만 원을 사용하면 50만 원만 남고, 500만 원을 버는 사람이 600만 원을 쓴다면 매달 100만 원씩 적자가 발생한다. 즉, 여유자금이 생기는가의 여부는 수입이 아닌 지출에 달려 있는 것이다.

따라서 지출 항목은 상세히 기록하고 다양한 관점으로 들여다보기를 추천한다. 사교육비가 지출에서 차지하는 비율은 얼마나 되나? 자동차할부금과 주유비, 세금과 보험료 등 자동차 관련 비용의 비율은 어떤가? 외식비가 과도하진 않은가? 이와 같이 자신의 지출 내역을 자세히 들여다보고, 절약할 수 있는 금액이 어느 정도일지 한번 계산해보자. 수입과 지출을 처음 작성한 사람들의 대부분은 자신이 얼마나 무분별한 소비습관을 가지고 있는지를 깨닫고선 깜짝 놀란다. 적자 인생을 만들고 빚으로부터 자유롭지 못하게 했던 범인이 바로 자신의 소비습관이었음을 알게 되는 것이다.

수입·지출 현황표의 지출이 수입보다 많다면 적자 생활을 한다는 뜻이고, 이는 매우 나쁜 상황이다. 이 생활이 계속되면 저축보다 빚이 늘어나는 속도가 더 빨라지고, 순자산가치도 증가하긴커녕 오히려 줄어든다. 그렇기에 현재 수입보다 지출이 많은 상태라면 반드시 라이프스타일을 바꿔야 한다.

이는 너무나 당연한 얘기지만 사실 실천으로 옮기기가 쉽지 않다. 많은 사람이 각종 마이너스통장과 신용카드, 할부의 유혹 때문에 무분별하게 지출을 늘리고 평생 빚에서 벗어나지 못하는 삶을 살고 있다. 그러나 경제독립은 이런 나쁜 습관에서 벗어나야만 가능한 일이다. 빚에 대해서는 다음 단계에서 더 자세히 살펴보기로 하자.

지출의 우선순위를 정해라(Pay Yourself First)

대개의 사람들은 자신의 수입만으로 생활하기가 벅차다고 생각한다. 인터넷이나 SNS에 노출되는 이들의 라이프스타일을 보면 마치 그들처럼 사는 것이 일반적이라고 여기게 된다. 여행 가서 여행기를 올리고, 맛집을 찾아가 음식 사진 올리고, 남들처럼 엄청난 사교육비를 지출하고, 좋은 자동차를 몰고 다니면 맞벌이를 해도 늘 돈이 부족할 수밖에 없다. 사교육비와 여행경비 등의 지출을 위해 사람들은 별다른 고민 없이 신용카드나 마이너스통장을 사용하곤 하는데, 그러다 보니 지출이 수입보다 많은 상태를 당연시한다. 그러나 수입이 아무리 많아도 지출이 그보다 더 크다면 심각한 문제다. 이런 상황에 처하지 않으려면 지출을 계획적으로 해야 한다.

지출 관리를 위해 반드시 해야 하는 것이 지출에서의 우선순위를 정하는 일이다. 최우선순위는 자신이나 가족의 경제독립을 위한 지출이다. 수입의 일정 부분은 본인과 가족의 노후를 위해 일단 떼어놓고, 나머지 금액으로 가정생활에 필요한 지출을 해보자.

연금저축펀드 계좌를 개설하고 수입이 들어오는 즉시, 노후를 위한 ETF에 투자하기를 권한다.

열심히 일한 대가로 얻은 수입의 우선순위는 당연히 나의 노후를 준비하기 위한 투자가 되어야 한다.

꼭 필요한 지출과 노후준비를 위한 투자를 수입에서 제하고 나면 사교육비로 지출할 만큼의 돈이 남지 않을 가능성이 있다. 그러나 대부분의 가정에서는 경제독립이나 노후준비를 위한 지출보다 사교육비 지출이 우선시되는 경우가 많다. 이렇게 잘못된 지출의 우선순위가 우리를 가난하게 이끈다는 것을 명심해라.

수입·지출 현황표 작성은 라이프스타일을 바꿀 수 있는 계기가 되어야 한다. 어떤 일이 있어도 지출이 수입보다 크면 안 된다. 이런 실천이 있어야만 경제독립에 한 걸음씩 다가갈 수 있을 것이다.

자신의 수입과 지출을 기록해보세요

수 입		지 출	
본인 수입	원	생활비	원
배우자 수입	원	월세	원
임대료 수입	원	대출 원리금 상환액	원
이자수익	원	교육비	원
배당수익	원	자동차 유지비	원
기타	원	이자	원
		세금	원
		관리비	원
		식료품	원
		통신비	원
		외식비	원
		자녀·부모 용돈	원
총수입	원	총지출	원

총수입 − 총지출 =

부채를
줄여라

　자신의 경제건강 상태를 개선하고 노후준비를 시작하려면 투자 전에 우선적으로 부채부터 줄여야 한다. 자산의 순자산가치를 증가시키는 가장 빠른 방법은 부채를 갚는 것이기 때문이다. 부채에는 좋은 부채와 나쁜 부채, 두 종류가 있다. 좋은 부채는 자산 취득을 위해 생기는 빚이고 나쁜 부채는 소비를 위해 생기는 빚이다. 예를 들어 자신이 살 집을 장만하기 위해 은행으로부터 빌리는 돈은 좋은 부채에 해당한다. 집이라는 자산을 취득하기 위해 진 빚을 갚을 때마다 나의 자산도 늘어나는 셈이기 때문이다. 일반적으로 좋은 부채는 이자율도 저렴하다.

　자동차를 사기 위한 빚, 신용카드 빚 등은 나쁜 부채의 예다. 많은 사람들은 자동차를 자산으로 착각하고 자신의 수입에 맞지 않는 비싼 차를 구입하면서 자신의 행동을 정당화한다. 그러나 자동차는 자산이 아닌 부채로 생각해야 한다. 자동차를 갖고 있는 동안 비싼 보험료, 주차료, 주유비 등 지불해야 하는 돈이 발생하여 나의 자산 형성에 큰 걸림돌이 되기 때문이다. 자동차를 할부로 구입할 경우엔 할부원금에 더해지는 이자율도 집을 사기 위한 부채보다 높을 수밖에 없다.

가장 나쁜 빚은 신용카드, 특히 더 나쁜 빚은 백화점 신용카드에서 생긴다. 이자율이 높을 뿐만 아니라 소비를 위한 부채이기 때문이다. 그래서 신용카드는 비상사태가 아니라면 사용하지 말아야 한다. 현금을 들고 다니는 것이 번거로울 경우엔 체크카드를 사용하면 된다.

부채를 줄이고 복리를 친구로 만들어라

하지만 좋은 것이든 나쁜 것이든 부채를 갖고 있다년 가능한 한 빨리 갚아야 한다. 그 이유는 '복리' 때문이다. 복리는 이자에 이자가 붙는 원리로, 투자한 사람들에게는 시간이 지날수록 자산을 크게 늘려주는 마법을 부리지만 부채를 가진 사람들에게는 부채가 기하급수로 급속히 늘어나는 원인이 된다. 투자를 하는 사람은 복리의 마법을 친구로 삼아 부자가 되는 이들이고, 부채가 있는 사람은 복리의 마법의 덫에 걸려 가난해지는 이들이다.

이처럼 복리를 친구로 삼으면 경제독립을 이룰 수 있지만, 적으로 삼으면 가난해진다. 복리 효과는 나의 자산을 크게 만들기도 하는 반면 나를 급속도로 가난하게 만들기도 한다. 다음의 표를 보면 1,000만 원의 자산이 복리 시스템에서 시간에 따라 어떻게 늘어나는지 한눈에 알 수 있을 것이다(편의상 단위는 생략한다).

현재 1,000만 원을 연 10%의 복리 수익률로 투자한다면 30년 후에 이 돈은 1억 7,000만 원이 넘는다. 이런 복리의 원리는 부채에도 그대로 적용된다. 현재 1,000만 원의 연 10% 부채를 갚지 않는다면 30년 후에는 17배나 넘게 불어나 엄청난 부담이 될 것이란 뜻이다. 수익률이 10~20%가 넘는 투자상품은 드물지만, 10~20% 이자

1,000만 원 투자 시 수익률별 기간별 예상 금액

(단위: 원)

구분	5%	10%	15%	20%
1년 후	10,500,000	11,000,000	11,500,000	12,000,000
5년 후	12,762,816	16,105,100	20,113,572	24,883,200
10년 후	16,288,946	25,937,425	40,455,577	61,917,364
15년 후	20,789,282	41,772,482	81,370,616	154,070,216
20년 후	26,532,977	67,274,999	163,665,374	383,375,999
25년 후	33,863,549	108,347,059	329,189,526	953,962,166
30년 후	43,219,424	174,494,023	662,117,720	2,373,763,138

를 물어야 하는 부채는 쉽게 찾아볼 수 있다. 때문에 이런 빚을 얻어 쓴 뒤 빨리 갚지 않을 경우엔 부채가 눈덩이처럼 불어나 가난을 자초하고 만다.

복리를 친구로 삼을지, 아니면 적으로 삼을지를 우리는 매일 시시때때로 결정하게 된다. 매장이나 음식점 등의 카운터에서 신용카드를 내밀면 "일시불로 결제할까요, 할부로 할까요?"라는 질문을 듣는데, 이때 당신은 어떻게 대답하는가? 만약 몇 개월에 걸쳐서 갚겠다고 대답한다면 복리를 적으로 삼는 셈이다. 부채를 만들었기 때문이다.

이렇듯 부채를 늘려 복리를 적으로 만드는 생활을 하는 한 가난의 늪에서 평생 빠져나올 수 없다. 신용카드를 없애고, 부채를 줄여 복리의 마법을 친구로 만들며, 빚을 갚기 전에는 외식이나 여행 등을 자제해라. 그것이 경제독립을 위한 최고의 습관이고, 경제독립은 그 어떤 것보다 우선시되어야 하기 때문이다.

부채를 갚을 때도 우선순위가 있다

앞서 말했듯 부채, 특히나 나쁜 부채를 가지고 있다면 무조건 그것부터 갚아야 한다. 이를 위해 맨 처음 해야 할 일은 부채 현황을 파악하는 것이다. 담보대출이나 신용대출, 마이너스통장대출, 적금

담보대출이나 보험금담보대출, 신용카드 사용액 등 부채 현황을 적어보자. 이어 그것들이 은행과 카드사, 제2금융권, 사금융이나 개인부채 중 어느 것에 해당하는지 분류한 뒤 이자율과 매달 갚아야 할 원리금, 대출 잔액, 상환기한까지 상세히 기록해보자. 이렇게 해보면 자신이 현재 이자를 많이 내고 있는 대출은 무엇인지 파악할 수 있다.

그중 가장 먼저 갚아야 하는 것은 단기부채다. 신용카드 사용금액이 단기부채의 예에 해당한다. 카드사들이야 소비자가 한꺼번에 결제하는 부담을 덜어주기 위해 리볼빙이나 할부결제 등의 방법을 마련해두었다고 하지만, 기업은 자신에게 손실이 될 일을 절대 하지 않는다. 그런 방법을 이용하여 결제일을 늦출 경우 소비자는 높은 이자율을 감당해야 한다. 이런 것이야말로 가장 나쁜 부채이기 때문에 신용카드는 사용하지 말아야 하고, 부득이하게 사용했을 경우엔 제일 먼저 갚아야 한다.

특히 신용카드의 현금서비스나 카드론은 이자율이 높을 뿐만 아니라 개인의 신용도까지 떨어뜨리므로 가능한 한 상환일을 당겨서 미리 갚아야 한다. 단기간에 해결하지 못하고 상환기간을 연장하면 부채에 대한 이자율도 높아지는 데다 이자가 원금에 합산되면서 부채액 자체가 커지기 때문이다. 예를 들어 100만 원씩 저축해오고 있던 중 갑작스럽게 300만 원의 카드빚을 써야 하는 상황이 생겼다면, 향후 석 달 동안은 저축을 유예하고 카드빚부터 먼저 상환하는 것이 현명하다.

더불어 빚을 갚는 일 역시 온 가족이 함께해야 한다. 투자를 함께하는 과정에서 가족이 더욱 화목해지는 것처럼, 부채를 함께 갚아가는 과정에서도 가족 사이에선 서로를 생각하는 마음이 커지기 마련이다.

자신의 부채를 기록해보세요

좋은 부채	나쁜 부채
•	•
•	•
•	•
•	•
•	•
•	•
•	•
•	•
•	•
•	•
•	•
•	•
•	•
•	•
합계 원	합계 원

매일 1만 원씩
여유자금을 만들어 투자해라

3단계를 거치면서 부채를 줄이는 데 성공했기를 진심으로 바란다. 부채가 어느 정도 정리됐다면, 그다음 단계에선 가능한 한 여유자금을 많이 만들고 투자를 시작해야 한다. 나의 자산·부채 현황표와 수입·지출 현황표를 작성하고, 소비를 줄이며 빚을 갚기 위해 노력하는 것은 투자를 위한 자금, 즉 여유자금을 최대한 많이 마련하기 위해서다. 이 여유자금은 시간을 거치는 동안 크게 성장해서 훗날 나의 노후를 책임질 것이기 때문이다.

여유자금은 '쓰고 남은 돈'이 아니라 '쓰기 전에 떼어놓는 돈'이다

다만 여유자금에 대한 발상만큼은 바꿔야 할 필요가 있다. 앞서 이야기한 바 있듯, 대부분의 사람들이 여유자금은 소비하고 남은 돈이며 반드시 목돈이어야 한다고 생각한다. 하지만 실제로는 그와 정반대다. 소비를 하기 전에 만드는 것이 여유자금이기 때문이다. 쓸 데 다 쓰고 남는 돈으로만 투자하려 한다면 정작 투자할 돈은 하나도 남지 않을 것이다.

여유자금을 확보한 후 나머지 돈으로 생활하는 습관을 반드시 가져야 한다. 매월 수입이 들어올 경우 이것저것에 쓰기 전에 20대라면 수입의 10%, 30대는 15~20%, 40대는 25~30%, 50대는 30~40%, 60대는 50% 이상을 여유자금으로 소비를 하기 전에 비축해야 한다. 나이가 많을수록 더 많이 비축해야 하는 이유는 간단하다. 노후까지 남은 기간이 길지 않아 조만간 수입은 없어지고 미리 준비해둔 노후자금으로만 생활해야 할 시기가 다가오고 있기 때문이다. 나이가 많아질수록 절체절명의 위기 앞에 섰다는 마음으로 수입에서 가능한 한 많은 부분을 여유자금으로 비축해야 한다.

그렇게 비축한 뒤 소비를 하려고 보니 쓸 돈이 부족하다면 어떻게 해야 할까? 돈이 없다면 그 시점에서 소비를 그쳐야 한다. 비축해둔 돈을 허물어 소비에 사용하는 어리석은 일만큼은 절대 하지 말자. 여유자금의 규모를 결정하는 것은 수입의 많고 적음이 아닌 본인의 라이프스타일이다. 여유자금이 미래에 미치는 영향은 엄청나다. 처음에는 작은 금액으로 시작하지만, 조금씩 쌓이고 복리라는 마법의 힘으로 미래에는 엄청난 금액이 될 수 있으니 누구나 부자가 될 수 있다는 희망을 가져보자.

여유자금은 항상 투자되어 있어야 한다

단순히 소비를 줄여 자금을 모으는 것만으로는 경제독립을 이룰 수 없다. 여유자금은 노후를 위한 자금이기에, 장기적으로 가장 열심히 일할 수 있는 곳에 투자되어야 한다. 대부분의 여유자금을 은행 예금으로 묶어두는 것은 현명하지 못한 생각이다. 투자했다가 혹시 원금을 잃게 될까 봐 사람들은 두려워하지만 이러한 두려움이 오히려 노후준비를 더욱 어렵게 만드는 요인이 된다.

당신의 은행 계좌에는 긴급 상황에 쓰일 생활비보다 더 많은 돈이 들어 있지 않은가? 혹시 돈 쓸데가 생길지도 모른다는 생각에 그대로 두고 있는가? 아니면 은행 예금을 원금손실이 없는 저축이라고 오해하고 있는 것은 아닌가?

안타깝지만 은행 예금은 원금의 가치를 보존해주지 못한다. 현금의 가치는 시간이 흐를수록 떨어지기 때문이다. 가령 햄버거값이 지금은 1만 원인데 15년 후 4만 원이 된다면 이는 곧 돈의 가치가 현재의 4분의 1로 줄어듦을 뜻한다. 자산을 현금으로만 보유하는 사람들은 15년 뒤 자신의 재산 중 4분의 3이 사라지는 셈이나 마찬가지다. 실제로 30년 전 자장면 값은 1,000원이었지만 지금은 7,000원이다. 200원이었던 지하철 요금은 1,250원이 되었고, 7,000만 원대였던 전국 평균 아파트 가격은 이제 3억 원이 넘는다.

돈의 실질적인 가치가 이렇듯 시간이 갈수록 감소하는데도 은행 예금에 넣어둔 당신의 돈은 아무런 손실을 보지 않는다고 생각되는가? 원금보장이라는 이름으로 은행 예금에 머물러 있는 돈, 다시 말해 일하지 않고 잠들어 있는 돈은 원금이야 보장될지 몰라도 가치는 손실되고 있는 것이다. 은행 예금에 묶여 있는 기간이 길면 길수록 이러한 손실은 더욱 커진다. 햄버거의 가격 변화에서 알 수 있듯, 현금을 가지고 있는 것보다는 맥도날드 주식을 사는 편이 훨씬 현명한 일이다. 적은 돈이라도, 잠깐 동안이라도 돈이 게으름을 부리도록 내버려두진 말아야 한다.

주식투자 경험이 없거나 아직도 원금손실이 두렵다면 하루에 1만 원씩 주식형 펀드에 투자하는 것도 좋은 방법이다. 특히나 6단계에서 설명할 연금저축펀드에는 반드시 가입해야 한다. 처음에 투자하는 것이 두렵다면 연금저축펀드 계좌를 비대면을 통해 열고

하루 1만 원씩 반드시 주식형 펀드에 투자해라. 하루 1만 원이라는

돈이 훗날에는 엄청난 파워로 돌아올 것이다(Save now, Power later).

퇴직연금제도를 활용해라:
원금보장형은 최악의 선택이다

어느덧 경제독립을 위한 여정이 5단계에 이르렀다. 이제 여러분이 빚을 줄이고 노후준비를 위한 여유자금을 비축하는 습관에 익숙해졌기를 진심으로 희망한다. 또한 원금보장이라는 덫에서 벗어나 복리의 마법을 충분히 이해했고, 복리의 마법을 극대화시키려면 돈이 열심히 일하게끔 만드는 것이 가장 중요하다는 점도 깨달았을 것이다.

그다음 단계에서 할 일은 경제독립과 노후준비를 위해 필수적으로 준비해야 하는 연금제도에 대한 이해도를 높이는 것이다. 연금제도가 존재하는 이유는 국가가 국민들의 노후를 돕는 데 필요하기 때문이고, 그렇기에 당연히 세금 혜택이 수반된다. 복리의 마법에 세금 혜택까지 더해지면 자산이 증가하는 데도 훨씬 더 큰 가속도가 붙고, 노후준비는 훨씬 더 쉬워진다. 정부가 개인들의 노후준비를 위해 세금 혜택을 주면서까지 만든 제도를 제대로 이용하고 실행에 옮겨야 하는 것은 너무 당연하지 않은가?

연금제도는 크게 공적연금과 사적연금의 두 가지로 분류된다. 공적연금은 여러분이 익숙하게 알고 있는 국민연금이고, 사적연금은 퇴직연금과 연금저축이다. 먼저 퇴직연금제도에 대해 알아보자.

퇴직연금의 두 유형, DB형과 DC형

퇴직연금에는 확정급여형DB과 확정기여형DC의 두 가지가 있다. DB형은 우리가 일반적으로 알고 있는 퇴직금 제도와 비슷하다. 회사는 직원에게 퇴직 직전 3개월간 평균 월급에 근속연수를 곱한 금액을 퇴직연금 지급액으로 보장한다. 그리고 퇴직연금 지급을 위한 자금을 금융기관에 예치한다. 혹시 회사에 문제가 생기더라도 직원들의 퇴직금은 잘못되지 않게 하기 위함이다. 회사는 해마다 퇴직연금의 규모를 결정하고, 부족할 경우엔 부족분을 메우고 손실로 처리한다. 대부분의 근로자들은 퇴직연금으로 받을 금액이 정해져 있기 때문에 관심을 갖지 않는다. 기업의 입장에서 신경 쓰고 싶지 않기 때문에 굳이 DC형을 도입하기를 꺼리게 된다. 직원들의 노후를 기업이 걱정하지 않는 것은 기업 지배구조의 열악함으로 표현될 수 있다. 그래서 한국에선 DB형 퇴직연금이 주를 이룬다.

하지만 여기에는 큰 문제점이 있다. 근로자는 물론 퇴직연금을 책임지는 회사, 그리고 퇴직연금을 운용해야 할 금융사가 투자에 적극적이지 않게 된다는 점이다. 통계에 의하면 금융사에 퇴직연금을 맡긴 회사 중 90%는 금융사 측에 운용에 대한 아무런 지시도 하지 않는다. 이런 상황 속에서 은행 등 금융사들은 전체 운용금액의 83.3%를 정기예금 등의 원금보장형 상품에 넣는 모순을 저지른다. 이로써 DB형 퇴직연금 자금의 대부분은 결국 원금보장의 늪에 빠져버리는 결과가 초래된다. 은행 예금에 돈을 맡겨놓는 것과 비슷한 현상이 퇴직연금의 운용에서도 나타나는 셈이다. 근로자 입장에서는 일정한 퇴직금을 보장받는 대신 그 이상의 금액은 기대할 수 없게 된다.

회사 입장에서도 DB형은 그다지 유리하지 않다. 퇴직금으로 인한 불확실성이 존재하기 때문이다. 해마다 오르는 직원들의 월급에 따라 퇴직금을 충당하는 규모도 커진다. 퇴직연금의 운용수익이 직원들의 월급 상승분보다 높으면 다행이지만 그렇지 않다면 매년 감당해야 할 부담은 증가할 수밖에 없다.

직원의 입장에선 퇴직 무렵에 자신의 급여가 많이 오를 것이라는 확신이 있다면 DB형이 유리할 수도 있다. 예를 들어 과거처럼 종신고용과 연공서열형 급여 시스템이 적용되는 회사라면 이러한 기대이익이 존재할 수 있다. 그러나 현재는 임금상승률이 낮아지는 추세고, 심지어 임금 피크제로 퇴직 무렵의 임금도 오히려 줄어들 가능성이 있다. 이러한 경우 DB형은 유리한 선택지가 되지 못할 것이고, 임금상승률이 연평균 2~3%대라면 DB형이 DC형보다 더 불리할 수 있다.

DC형은 회사가 퇴직금(월급의 8.33%)을 금융사에 적립해주면 근로자가 이 돈의 운용을 금융사에 지시하고 자신이 수익률에 대해 책임지는 것으로 미국의 401(K) 제도와 비슷한 방식이다. 한국의 근로자들은 원금이 훼손될까 두려워 대부분 DB형을 택하고 있고 간혹 DC형을 택하더라도 주식형 펀드를 기피하고 예금 등 원금보장형 상품을 선택한다. 이는 지극히 잘못된 선택이다. 퇴직연금은 장기로 투자되는 자산이기에 반드시 주식형 펀드에 투자되어야 한다.

물론 반드시 누구에게나 DB형 또는 DC형이 유리하다고 말할 수는 없다. 개개인이 속한 회사나 나이와 퇴직 가능 시점 등 근로자 개인의 상황이 제각기 다르기 때문이다. 하지만 대한민국 모든 근로자들의 퇴직연금이 DB형에 머물러 있고, 퇴직연금의 운용에 개인과 회사 모두가 관심이 없다는 것은 심각한 문제다. 이는 국가

경제에도 비극에 가까운 심각한 상황을 초래한다. 퇴직연금이라는 양질의 장기 자금이 대한민국의 많은 기업들에 투자되지 못하고 원금보장형에 묶여 있기 때문이다. 일본이 장기적으로 침체한 가장 큰 이유 중의 하나 역시 이것이었다.

자신의 노후와 직결되는 퇴직연금제도를 근로자들이 다시 한번 꼼꼼하게 살펴야 하는 이유가 여기에 있다. 회사가 퇴직연금으로 DB형과 DC형 모두를 도입하고 있는지, 자신의 퇴직연금은 현재 어떻게 운용되고 있는지 회사의 인사과에 문의하는 정도의 노력을 하는 것은 자신에 대한 최소한의 배려다. 만약 DC형이 회사에서 도입되지 않은 상태라면 회사에 적극적으로 요구할 수 있어야 한다. 이는 근로자 자신은 물론 회사에도 도움이 되는 일이다.

퇴직연금의 일정 부분은 반드시 주식형 펀드에 투자되어야 한다

2018년 8월 16일, 미국 CNBC 방송에서 흥미로운 보도를 했다. 미국의 기업 퇴직연금제도인 401(K) 덕분에 백만장자가 된 사람이 1년 만에 41%나 증가했다는 내용이었다. 어떻게 이런 일이 가능한 걸까? 미국의 401(K)는 40% 이상이 주식에 투자되고, 그중 젊은 층의 퇴직연금은 대부분 주식이나 주식형 펀드로 운용된다. 따라서 자연스럽게 30년 이상 장기적으로 주식투자를 한 직장인 중 복

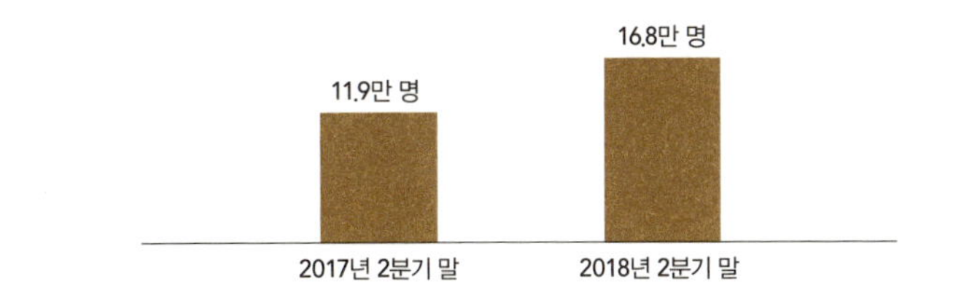

리 효과를 최대로 얻은 이들이 백만장자가 된 것이다.

한국에도 이와 비슷한 퇴직연금제도가 시행 중이지만 퇴직연금제도 덕분에 큰 부자가 되었다는 소식은 들어보지 못했다. 이렇게 상반되는 결과는 퇴직연금의 주식투자 비중 차이에서 비롯된다. 한국의 퇴직연금은 90% 이상이 원금보장형 상품에 투자되고, 주식에 투자되는 비중은 5%가 채 되지 않는다. 심리적 손실회피 성향과 잘못 운용되는 퇴직연금제도, 금융지식과 제도에 대한 이해 부족이 초래한 안타까운 현실이다.

다시 한번 강조하지만 퇴직연금은 은퇴 시점까지 오랫동안 투자하며 기다리는 장기적 성격을 갖는다. 그러므로 돈이 일하게 해야 한다는 점을 기억하는 현명한 사람은 젊었을 때부터 오랫동안 투자하고, 복리의 효과로 돈을 벌어줄 주식에 투자하는 비중을 지금보다 훨씬 높여야 한다.

퇴직연금제도

퇴직연금제도는 근로자의 노후소득 보장을 위해 근로자 재직기간 중 퇴직금을 금융기관에 적립하고, 이 재원을 운용하여 근로자가 퇴직할 때 연금 또는 일시금으로 지급하는 제도다.

퇴직연금제도

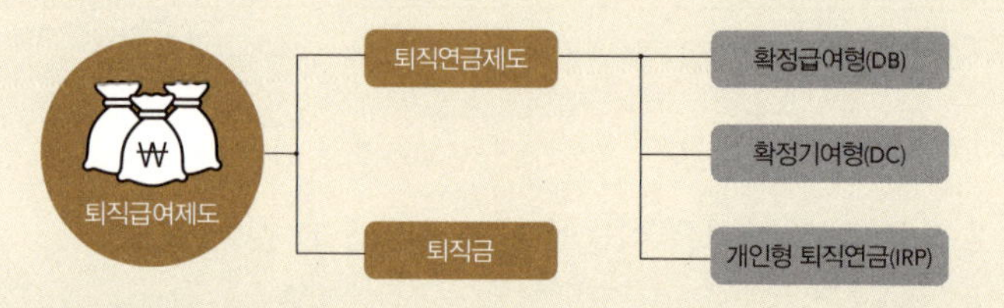

출처: 고용노동부

DB형 퇴직연금은 퇴직금 운용을 회사에서 책임지지만, DC형은 퇴직금 운용을 근로자가 책임진다. DB형의 경우 회사가 적립금 투자에 책임을 지고 근로자는 '정해진 퇴직금'을 받기 때문에 임금상승률이 중요하다. 반면 DC형 퇴직연금은 '정해진 적립금'을 받고, 근로자가 투자에 직접 개입하기 때문에 퇴직급여는 원금과 운용수익에 의해 결정된다.

IRP개인형 퇴직연금, Individual Retirement Pension는 근로자가 재직 중에 자율로 가입하거나 퇴직 시 받은 일시금을 계속해서 적립·운용할 수 있는 제도다. 근로자, 자영업자, 공무원 등 소득이 있는 사람이면 누구나 가입 가능하고, 연금저축계좌와 합산하여 최대 900만 원까지 세액공제 혜택이 있다. 900만 원 납입 및 16.5% 세액공제 시 최대 148만 5,000원의 절세효과가 가능하다.

퇴직연금처럼 오래 기다릴 수 있는 자금은 원금보장형에 머물러 있으면 안 된다. 장기적인 관점에서 DB형보다는 DC형으로 투자를 지속하는 것이 임금상승률보다는 더 높은 수익을 거둘 수 있는 방법이다. 은퇴까지 많은 시간이 남아 있다면 퇴직연금은 주식형 펀드에 투자되어 있어야 한다. 회사에서 DB형을 채택하고 있다면 적극적으로 DC형으로의 전환을 요청하고, 투자 대상도 주식형 펀드로 변경하자. DC형으로 운영 중인 경우에도 근로자 자신이 적극적인 관심을 가져야 함은 물론이다.

연금저축펀드에는
꼭 가입해라

국민연금, 퇴직연금에 이어 반드시 해야 할 일은 연금저축펀드에 가입하는 것이다.

대부분의 한국인은 국민연금에 가입되어 있다. 빈곤층을 중심으로 하는 국민연금 사각지대가 존재하긴 하지만, 연금의 성격이나 가입금액 등을 고려해볼 때 국민연금은 노후의 기본생계 보장에 초점이 맞춰져 있다. 즉, 국민연금으로 최소한의 생계를 유지할 수는 있지만 그 이상의 생활을 위한 대비책으로는 부족하다는 뜻이다. 안정적인 노후생활을 원한다면 연금을 국민연금, 퇴직연금, 개인연금 등 3중으로 마련해두는 것이 필수다. 현재 한국에서 이 세 가지에 모두 가입한 인구는 5%도 되지 않는다고 한다.

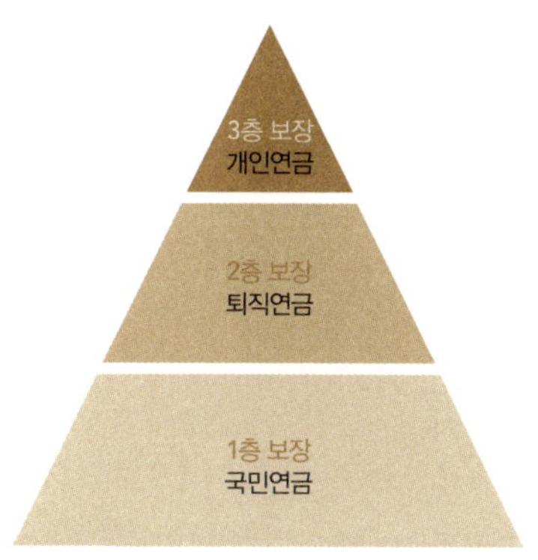

기본적인 국민연금 외에 직장인들에게는 5단계에서 다루었던 퇴직연금이 더해진다. 퇴직연금을 장기적으로 잘 운용하면 노후에 든든한 버팀목으로 삼을 수 있다. 앞에서 말했듯 미래의 월급이 상당폭으로 증가하지 않는다고 가정하면 DC형, 그리고 은퇴까지 오랜 기간이 남아 있다면 주식형 펀드에 가능한 한 많이 투자되어야 한다. 하지만 퇴직연금은 직장인이 대상이고 회사의 정책과 연관되어 있기 때문에 개인 스스로가 선택할 수 있는 폭에 제한이 따른다.

국민연금과 퇴직연금만으로는 노후준비가 충분하지 않기에 개인이 선택하여 시작할 수 있는 추가적인 방안이 연금저축이다. 연금저축은 금융기관에 따라 크게 두 가지로 나뉜다. 하나는 보험회

연금저축보험과 연금저축펀드의 특징

구분	연금저축보험	연금저축펀드
취급 기관	보험회사	증권회사, 자산운용사
운용 방법	공시 이율 적용	실적 배당형
장점	낮은 변동성	상대적으로 높은 장기 수익률
단점	높은 사업 비용	변동성

사의 연금저축보험이고, 다른 하나는 증권회사나 자산운용사의 연금저축펀드다. 연금저축은 금융기관 방문 또는 휴대폰(비대면)으로 가입할 수 있다. 연금저축보험과 연금저축펀드의 특징은 위의 표에 정리되어 있다.

연금저축의 장점

연금저축의 장점에는 크게 세 가지가 있다.

첫 번째는 세액공제 혜택, 즉 연말정산이나 종합소득세 신고를 통해 본인이 낸 세금을 돌려받을 수 있다는 점이다. 총급여가 5,500만 원(종합소득의 경우 4,000만 원) 이하인 사람은 개인연금저축에 불입한 돈(최대 600만 원 한도)의 16.5%를 본인이 낸 세금에서 돌려받는다. 600만 원을 납입했다면 많게는 99만 원까지 돌려받을 수 있는 것이다.

두 번째는 과세이연 및 저율과세 혜택이다. 일반적인 금융상품은 매년 발생한 수익금에 15.4%의 소득세를 부과한다. 하지만 연금저축에 투자한 이에게는 매년 세금을 과세하지 않고 연금수령 시점으로 과세시기를 늦춰준다. 또 하나의 큰 혜택은 연금수령 시 세율을 15.4%가 아닌 3.3~5.5%의 연금소득세로 낮춰준다는 것이다. 과세시기를 늦추고 세율까지 낮춰주면 개인의 자산증가 속도는 자연히 빨라진다. 운용기간 동안 세금으로 나갈 금액이 재투자되는 효과, 그리고 연금을 수령할 때 절약되는 세금 덕분이다.

세 번째는 분리과세 혜택이다. 은퇴 후에 얻는 대부분의 소득은 종합과세 대상이 된다. 우리가 알고 있는 국민연금이나 공무원연금 등의 공적연금도 예외 없이 그 대상이다. 은퇴 후에도 대개의 사람들은 경제생활을 이어가기 때문에 추가적인 근로소득이나 임대소득, 금융소득 등이 발생하는데, 이 금액이 커질수록 소득세율도 올라간다. 소득세율은 구간별로 6~42%까지 나뉘고, 이에 따라 직지 않은 금액이 세금으로 부과된다. 하지만 연금저축 납입자는 연금수령 시 연 1,500만 원까지 종합과세 대상에서 제외되어 분리과세, 즉 5.5~3.3%의 낮은 세율을 적용받는다는 장점이 있다. 한 가지 팁을 주자면, 연금저축의 연간 가입한도는 1,800만 원에 불과하므로 해를 넘기지 않고 미리미리 가입하는 것이 좋다는 것이다.

개인연금저축을 통해 혜택을 누리려면 5년 이상 납입해야 하고,

만 55세 이후에 연금 형태로 10년 이상 수령해야 한다. 이는 장기 투자를 통한 노후준비를 강제하기 위함인데, 노후를 준비하는 사람에게는 아주 좋은 조건이라 할 수 있다. 그럼에도 가입률이 낮다는 것은 매우 안타까운 일이다. 노후준비를 위한 방법으로 개인연금저축을 반드시 활용해보자.

연금저축보험보다 효과적인 연금저축펀드

연금저축보험과 연금저축펀드 중에 노후준비를 위해 내가 추천하는 것은 개인연금저축펀드다. 수수료가 가장 저렴하고 다양한 투자가 가능하다는 장점이 있기 때문이다. 연금저축보험은 사업비가 높기 때문에 퇴직연금펀드에 비해 장기 수익률이 낮을 수밖에 없다. 또 하나의 단점은 연금저축보험 납입의 기간과 횟수를 모두 채워야 한다는 것이다. 연금저축보험 가입자들 중에는 여러 이유로 2회 이상 보험료를 납입하지 못해 중도해지하는 이들이 흔하다. 반면 연금저축펀드는 중간에 납입하지 못하더라도 전혀 문제가 되지 않는다.

다만 많은 연금저축펀드가 투자할 수 있는 상품 중 어떤 것에 투자할지 결정할 때 꼭 고려해야 할 사항들이 있다. 펀드 선택 시에는 자신의 노후자금을 어떤 펀드가 가장 효율적으로 증가시킬 것인가에 초점을 맞춰야 한다. 이를 위해서는 각 펀드가 어떤 대상에 투자하는지, 또 운용사의 투자철학은 어떠한지 파악할 필요가 있다. 주식의 매수와 매도를 자주 반복하는 펀드는 피하는 것이 좋다. 또 과거 단기간의 수익률이 어땠는지에 대해서는 집착하지 말자. 짧은 기간 내의 수익률보다는 장기투자 철학이 훨씬 더 중요하니 말이다. 펀드가 부과하는 수수료 역시 매우 중요한 판단 기준이 된다. 더불어 운용수수료가 누적되면 자산 증가 속도에 큰 영향을 끼치므로 각 펀드가 어느 정도의 수수료를 부과하는지 역시 꼼꼼히 비교하여 중요한 판단 기준으로 삼아야 한다. 수수료와 편리성을 감안한다면 ETF에 투자하기를 강력하게 권한다.

아래의 표는 금융감독원에서 세액공제, 그리고 연금수령 시 납부해야 할 연금소득세까지 고려하여 연금저축의 수익률을 계산한 뒤 발표한 내용이다. 자료를 보면 2001년부터 2024년까지 은행 적금의 수익률은 연평균 3~4%인 데 비해 연금저축펀드의 수익률은

연금저축 상품별 수익률 비교 (2024년 말 vs 2025년 3분기)

상품 구분	2024년 연간 수익률 (%)	2025년 3분기 누적수익률 (%)
연금저축펀드	7.6	23.49
연금저축신탁	5.6	5.32
연금저축보험(생보)	2.6	2.47
연금저축보험 (손보)	2.6	2.47

장기 평균 수익률 비교 (2001~2024년)

상품	장기 평균 수익률 (%)
연금저축펀드	약 5~7
연금저축신탁	약 3.5~4.5
연금저축보험	약 2.5~3.5
은행 적금	약 3~4
저축은행 적금	약 4~6

결론
- 변동성과 장기 성과를 고려하면 연금저축펀드(주식형·혼합형)가 평균·최고 수익률 모두에서 월등하다(2025년 강세장 기준 연간 수익률 20%대도 기록).
- 연금저축보험은 안전하지만, 최근 10년 물가상승률보다 낮은 성과로 실질수익률 마이너스 구간 가능성이 높다.

5~7%로 무려 1.7배가량 높다는 점을 알 수 있다.

연금저축펀드에 가입할 때는 부부가 하나의 연금저축계좌에 함께 가입하기보다는 각각 개별적으로 가입하는 편이 세액공제나 과세이연 등 연금저축이 제공하는 혜택을 누리는 데 더욱 효과적이다. 연금수령 시 개인당 연 1,500만 원 이상이면 종합소득세 대상이 된다는 점을 고려해봐도 부부가 개별 가입하여 1인당 연금수령액을 분산하는 편이 좋다는 것을 알 수 있다.

이렇듯 연금저축펀드는 가장 훌륭한 노후준비 수단 중의 하나이므로 아직까지 가입하지 않았다면 지금 당장 가입하고, 세액공제 대상이 되는 연 600만 원까지는 무조건 납입해야 한다. 1인당 가입 가능한 금액은 연 1,800만 원까지이므로 부부의 경우엔 합산하여 매년 3,600만 원까지 납입할 수 있다.

아직도 주식투자에 거부감을 가지고 있다 해도, 인식을 바꿔 연금저축펀드만큼은 반드시 주식형 ETF로 가입하기를 강력히 권한다. 장기간의 주식투자를 통해 노후준비 자금을 마련하는 데는 연금저축펀드 이상으로 유리한 상품을 찾기 어렵기 때문이다. 만약 연금저축보험에 이미 가입되어 있다면 이미 납입한 자금을 하루빨리 연금저축펀드로 이전하는 것이 좋다. 증권회사를 하나 선택해서 핸드폰 등으로 연금저축펀드계좌를 개설한 후 ETF를 꾸준히 매입하면 가장 훌륭한 경제독립을 시작한 것이다.

연금저축펀드 계좌를 개설한 후에는 주식형 ETF에 투자하는 것이 좋다. 한국의 주식 200개에 투자하는 KOSPI200에 투자를 시작해라.

연금저축보험과 연금저축펀드

많은 사람들이 변동성이 낮은 투자를 선호한다. 이는 개인연금에서 연금저축보험의 점유율이 약 70%로 가장 높고 연금저축신탁, 연금저축펀드 순의 점유율을 보인다는 점에서도 잘 나타난다. 하지만 장기적으로는 연금저축펀드에 가입하는 것이 유리하다.

연금저축보험은 사업비 명목으로 매월 7~10%의 금액을 제하고 난 나머지 금액을 적립금으로 운용한다. 때문에 수익률을 고려했을 때, 가입한 후 원금에 도달하려면 최소 7년, 평균 10년 이상이 소요된다. 또 2개월 이상 보험료를 납입하지 않으면 해당 계약이 실효되기에 부활 청약 절차를 통해 계약을 다시 살려야 하고, 월 납입액을 줄이면 부분 해지가 적용되어 해지환급금의 일부만 돌려준다.

반면 연금저축펀드는 장기적으로 고수익을 추구할 수 있고, 자유로운 포트폴리오를 구성할 수 있다. 실제로 연금저축상품 수익률 평균치 비교를 보면, 연금저축펀드가 7.75%(세액공제 후)의 수익률로 가장 높게 나타났다. 또 연금저축펀드는 납입이 유연해서 월 납입액을 조정할 수 있고, 납입을 잠시 중단하더라도 계약이 계속 유지된다. 현재 연금저축신탁이나 보험에 가입되어 있다면, 계약이전(계좌이체) 제도를 통해 연금저축펀드로 이전해야 한다.

금융감독원 발표 개인연금(연금저축) 적립금 추이 (2013~2024) (단위: 조 원)

연도	연금보험	연금신탁	연금펀드	합계
2013	89.0	11.5	6.5	107
2014	93.5	12.0	7.3	112.8
2015	98.2	12.8	8.5	119.5
2016	103.1	14.9	11.3	129.3
2017	107.5	17.5	14.0	139.0
2018	110.8	19.2	16.2	146.2
2019	111.5	18.5	18.0	148.0
2020	112.0	17.5	23.0	152.5
2021	112.0	17.0	29.3	158.3
2022	113.8	16.2	33.8	163.8
2023	115.3	15.4	37.1	167.8
2024	115.5	14.7	40.4	170.6

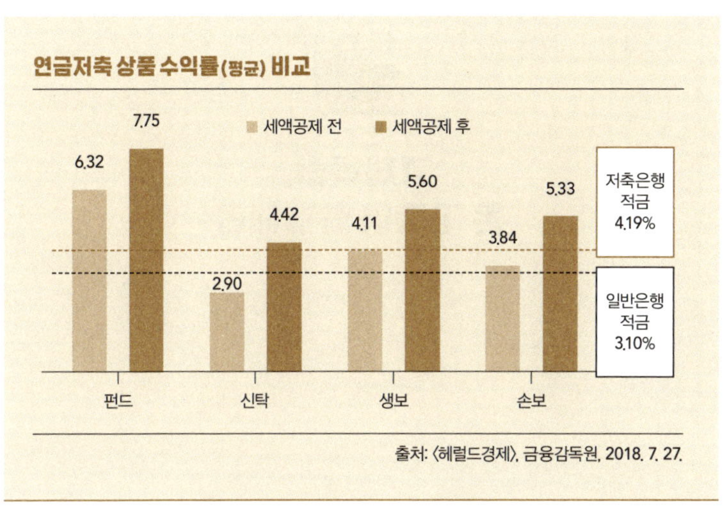

연금저축 상품 수익률(평균) 비교
세액공제 전
세액공제 후
6.32
7.75
2.90
4.42
4.11
5.60
3.84
5.33
펀드
신탁
생보
손보
저축은행 적금 4.19%
일반은행 적금 3.10%
출처: 〈헤럴드경제〉, 금융감독원, 2018. 7. 27.

경제독립,
온 가족이 함께해라

1단계부터 6단계까지 실천하며 경제독립의 필요성에 깊이 공감했다면 본인뿐만 아니라 배우자와 부모, 자녀들과 손자들 등 주위의 사랑하는 이들도 함께 동참해나가게끔 이끌어야 한다. 경제독립은 나 하나만이 아닌 모두에게 필요한 일이고, 한 세대에 그치는 것이 아니라 대를 이어 해나가야 하는 과제이기 때문이다. 이때 필수적으로 따라야 하는 것이 경제교육, 금융교육이다. 하지만 가정에서든 학교에서든 실효성 있는 금융교육을 시키지 않는 것이 한국의 현실이다. 그러나 독자 여러분은 달라야 한다.

투자·경제에 관한 대화를 자녀와 나눠라

유대인들이 다른 민족에 비해 경제적으로 풍요로운 이유를 연구한 결과 가족과의 저녁 식사에 있다고 결론을 내렸다고 한다. 내가 뉴욕에서 일할 당시 금요일 저녁이 되면 많은 유대인들이 해가 지기 전에 집으로 가는 모습을 쉽게 볼 수 있었다. 가능한 한 가족들과 저녁을 같이하는 것이 중요함을 일깨워준다. 부모들이 자녀들과 보내는 시간을 조사한 결과 호주는 하루 4시간, OECD 평균은 하루 2.5시간인데, 한국은 하루 45분에 불과하다고 한다. 한국이 겪는 많은 문제점이 어디에서 시작됐는지를 보여주는 지점이다. 점수에 연연하는 한국 교육 시스템의 변화가 절실하다.

금융교육이라 해서 거창하게 생각할 필요는 없다. 학교나 사회에서 가르치지 않는 금융교육, 즉 돈에 대해 진솔한 대화를 함께 나누는 것이 곧 금융교육이기 때문이다. 이러한 대화는 가정에서부터 시작해야 한다. 주식 등 투자에 대한 대화를 부모와 일찍부터 나눈 아이들일수록 훗날 경제독립을 할 가능성이 훨씬 커신나. 유대인들은 온 식구가 저녁을 먹으면서 경제를 주제로 많은 대화를 나눈다고 한다. 그에 반해 한국의 가정에서는 가족 모두가 모여 저녁을 함께하지 않는 것이 오히려 자연스러운 현상이 된 듯하다. 어머니는 아이들의 입시에만 매달리고, 자녀들은 하교 이후 시간의 대부분을 학원에서 보내며, 아버지는 근무시간은 물론 회식까지 하느라 가족보다 외부인들과 저녁 시간을 보내기에 바쁘다.

가족 구성원들이 이런 생활을 지속하면 할수록 경제독립의 길은 멀어진다. 모래알처럼 흩어져 각자 소비하는 생활을 하다 보면 다들 가정의 재정 상태를 제대로 파악하는 것이 불가능해지기 때문이다. 이런 상태에서는 지출에 대한 통제가 힘들어지고, 소득보다 지출이 훨씬 늘어나 버리기 마련이다. 자산이 늘어가는 경험을 쌓아나가지 못하는 것은 경제독립을 갈수록 어렵게 만드는 원인이 된다. 경제독립이라는 목표를 위해 한 사람이 홀로 노력하는 것보다는 온 가족이 함께 노력하는 편이 훨씬 수월하다. 어떤 부모들은 아이들이 가정 경제에 관해 물으면 "너희는 그런 거에 신경 쓰지 말고 공부나 열심히 해."라고 대답한다. 아이들이 돈에 대해 신경 쓰는 건 비교육적인 일이라고 생각하는 것이다. 하지만 아이들은 의외로 자산 형성에 높은 관심을 가지고 있다.

부모와 자식 사이의 대화가 공부와 성적에서 벗어나 경제와 돈으로 옮겨진다면 "아이와 소통이 되지 않는다."며 부모님들이 하소연할 일도 사라질 것이다. 용돈 아껴 쓰라고 잔소리할 필요도 없다. 돈의 중요성을 아는 순간 아이들이 스스로 절약을 할 것이고, 사교육비가 엄청난 낭비라는 것을 깨닫고 나면 학원에 가는 대신 스스로 공부를 하려 할 것이기 때문이다. 돈이 필요하면 스스로 일해서 벌려고 할 것이며, 방학이 되거나 시간이 생기면 놀려고 하기보다는 아르바이트로 돈을 벌려고 노력할 것이다. 이것이 아이들이 부자가 되는 시작점이다.

주식투자를 통해 부자가 되는 길은 온 가족이 함께 가는 게 좋다. 잘못된 철학으로 단기적 주식투자에 매달리는 사람은 가족에게 그 사실을 비밀로 하는 경우가 많다. 자신도 주식투자를 위험하며 바람직하지 않은 일이라고 믿기 때문이다. 하지만 철학과 원칙을 바탕으로 하는 주식투자는 경제적 자유를 얻기 위해 반드시 해야 한다고 믿게 되면 가족과 함께하는 편이 의미 있고 훨씬 유리하다.

주식투자의 세계에 가족을 초대하고, 주식과 펀드를 화제로 삼아 식구들과 자연스럽고 즐거운 대화를 나눠보자. 최근에 산 주식이나 펀드에 대한 의견 교환이 부모와 자녀들 사이에서 이루어지는 가정과 그렇지 못한 가정은 경제적으로 큰 차이가 날 것이다. 경제적 자유를 얻고 부자가 되는 일은 한 세대에서 끝나기보다 다음 세대로 이어지는 편이 훨씬 더 좋다는 것은 두말할 필요도 없다. 미국의 중산층 유대인 가정에서는 자녀들이 부모의 모습을 보면서, 그리고 대화와 교육을 통해 자연스럽게 경제적 여유의 가치를 깨닫고 부자가 되는 방법을 배운다.

유대인 가정의 부모들이 하는 것처럼 우리도 부자의 철학과 올바른 투자법을 자녀에게 훈련시킴으로써 경제적 자유를 대대로 물려주어야 한다. 현재 한국은 저출산 문제가 심각한 상황에 이르렀는데, 이는 대개 경제적 어려움이 예상된다는 이유에서 비롯된다. 그렇기에 나는 한국의 가정들이 자녀들을 경제적 자유의 길로 일찍부터 이끌어준다면 저출산 문제도 세대를 거듭할수록 점차 자연스럽게 해결될 것이라고 본다.

물건보다는 주식이나 주식형 ETF를 선물해라

100세까지 사는 세상에서는 조부모와 부모, 자녀와 손자 등 적어도 3~4대가 함께 살아가게 된다. 모두가 30세에 결혼해서 자녀를 낳았다고 가정하면 이 서너 세대의 나이는 각각 조부모가 95세, 부모가 65세, 자녀들이 35세, 손자·손녀가 5세일 것이다. 35세의 자녀는 자신의 아이야 부양하겠지만 부모나 조부모를 부양할 리 없다. 자녀를 대여섯 명씩 낳을 때는 노후를 자식에게 의탁하는 것이 가능했지만 이제는 불가능하다. 지금 한국의 출산율은 세계에서 가장 낮은 수준으로 가임여성 한 명당 0.98명에 불과하다. 이런 상황이니만큼 이제는 각자가 자신의 노후를 책임져야 하고, 각 세대 모두 경제독립을 이룩해야 비참한 노후를 보내지 않을 수 있다.

수명이 늘어남에 따라 경제독립과 노후준비의 중요성이 과거보다 훨씬 중요해졌다는 사실을 모든 세대의 가족 구성원이 인식하고 명심해야 한다. 방금 태어난 아이부터 부모, 조부모에 이르는 모두가 지금까지와는 다르게 생각하고 행동해야 함을 깨달아야 하는 것이다.

아기들의 백일이나 돌에 물건보다는 주식이나 주식형 ETF를 선물하는 것은 가족의 경제독립에 있어 좋은 출발점이 될 수 있다. 아이가 커가면서 학교에 입학하거나 졸업할 때의 선물도 가방이나 시계, 핸드폰 대신 주식이나 주식형 ETF를 사주자. 그리고 현재 투자하고 있는 회사에 대해 아이들과 대화를 나누면 그것이 바로 훌륭한 경제교육이 된다. 주식을 통해 세계 각국 사람들의 경영철학을 배울 수 있고 경제도 배울 수 있다.

미국·중국·독일·영국·일본·인도 등 다른 나라에 대해 공부할 때에도 단순히 책을 읽고 관련 지식을 암기하기보다는 그 나라 주식을 사는 편이 더 효과적이다. 주가에는 정치·경제·사회·문화가 반영되기 때문에, 투자할 나라와 기업을 찾기 위해 조사하다 보면 그 나라에 대한 공부도 저절로 된다. 투자를 위한 공부는 굳이 암기하려 애쓰지 않아도 머리에 쏙쏙 들어오기 마련이다. 그렇게 공부하다 보면 경제지식은 풍부해질 것이며, 그런 아이들이 성인이 될 무렵엔 어려서부터 투자해온 금액도 크게 불어나 있을 것이다.

부부의 경제적 견해를 일치시켜라

이런 교육이 가능해지려면 부부 사이에서도 경제독립의 중요성이 공유되어야 한다. 그간 나는 경제적 견해가 다른 부부들을 흔히 목격할 수 있었다. 특히 사교육 문제로 자주 다투는 부부들을 보면 금융문맹 탈피가 얼마나 중요한지를 새삼 느끼곤 한다. 자녀들의 사교육비에 모든 노후자금을 쏟아붓는 사람들은 본인의 노후도 어려워지고, 아이들에게 경제적 부를 남겨주지 못하고 가난을 물려줄 수밖에 없다.

열심히 공부해서 좋은 학교를 나오고 좋은 스펙을 쌓는 것은 자녀의 경제독립에 큰 도움이 못 된다는 사실을 부모들은 반드시 알아야 한다. 지출에 비해 수입이 항상 부족하다고 느끼는 사람은 자녀들이 자신보다는 더 나은 경제생활을 누리길 바랄 것이다. 그렇기에 많은 부모들은 없는 돈을 어떻게든 모아 자녀들의 교육과 스펙을 위해 아낌없이 쓴다.

하지만 그로 인해 오히려 본인뿐 아니라 자녀들의 미래 또한 같이 어려워질 것을 알아야 한다. 부모는 자녀들에게 돈을 아끼고 투자하는 방법을 가르쳐줘야 한다. 돈 버는 방법 대신 소비의 즐거움만 배운 아이는 가난해질 수밖에 없다. 특히나 자녀들에게 들이는 사교육비는 아이를 경제적 무능력자로 만드는 지름길이다. 사교육비를 투자로 전환하고, 돈이 일하게 해야 하는 세상임을 아이에게 알려주는 부모가 되자.

존리의 부자학교에 오시는 분들의 스토리는 흥미진진하다. 자녀들의 사교육비를 투자로 전환했더니 미래에 대한 희망이 생겼다는 분들이 점점 늘어나고 있다는 것은 한국의 미래가 희망적임을 의미한다. 한 살이라도 어린 나이에 금융교육을 시키는 것은 너무나 중요하다. 존리의 부자학교에서 아이들을 위한 금융교실을 시작한 이유이기도 하다. 국영수 위주의 교육보다는 돈을 일하게 하는 것을 배우고 실천한 아이들의 미래는 훨씬 밝을 수밖에 없다.

구체적 목표를
세워라

노후준비에 충분한 자금은 어느 정도일까? 100세 시대인 만큼 현 직장에서 60세에 은퇴한다고 가정하면 이후 40년은 수입 없이 살아야 한다. 때문에 직장에 몸담고 있는 동안 가능한 한 많은 은퇴자금을 마련해야 하는데, 노후자금을 사교육비로 낭비하고 투자도 제대로 하지 못한 사람들에게 그러한 자금 마련은 요원한 일이다. 그러다 보니 대개의 사람들은 안정된 노후를 위해 구체적으로 어느 정도의 돈이 필요한지 알고 싶어 하지도 않고, 그저 '어떻게든 해결되겠지.'라는 마음으로 체념해버리고 만다.

이렇게 되기까지에는 여러 이유가 작용하겠지만 가장 큰 것은 아마도 두려움일 것이다. 충분한 노후준비 자금을 마련하지 못한 상태에서 맞이하게 될 미래에 대한 두려움 말이다. 하지만 이 두려움 때문에 명확한 계획 수립을 피하기만 하다 보면 경제독립이라는 목표와는 더욱 멀어져 버린다. '어차피 경제적으로 독립하는 건 틀린 일'이라며 포기해버리면 점점 더 현명하지 못한 소비를 하게 되기 때문이다.

개개인의 경제상황, 그리고 은퇴 후 누리고 싶은 생활수준에 대한 기대가 저마다 다른 탓에 단순히 어느 정도의 은퇴자금이 필요하다고 일반화해서 말하기는 어렵다. 하지만 노후에 필요한 적정 생활비를 예상해보고, 그것을 근거로 계산해보면 은퇴 전 자신이 얼마만큼의 자산을 은퇴자금으로 만들어두어야 하는지에 대한 감도 잡힐 것이다.

'4% 룰'을 기억해라

은퇴 시까지의 자금 마련 계획을 수립하는 데 참고하면 좋은 것으로 '4% 룰'이 있다. 윌리엄 벤젠William Bengen이라는 재무관리사가 연구한 것으로, 은퇴할 시점의 자산을 기준으로 여생을 여유롭게 보낼 수 있는 금액을 계산하는 방식이다.

예를 들어 4%가 1년 생활비라고 가정했을 때, 은퇴 시 10억이 있다면 원금의 4%인 4,000만 원 정도를 연간 생활비로 쓸 수 있다.

4,000만 원이면 매달 333만 원 정도를 쓸 수 있다는 뜻인데, 이는 앞서 계산해봤던 국민연금 기본생활비보다 100만 원 정도의 여유가 더해진 금액이다.

하지만 은퇴 시점의 자산이 5억 원이라면 향후의 연간 생활비는 2,000만 원으로 줄어들어 버린다. 한 달에 166만 원인 셈인데, 이는 최저생활비 수준의 금액이다.

필요한 은퇴자금 이상의 금액을 만들어라

문제는 수명의 연장이 4% 룰에도 악영향을 미친다는 것이다. 4% 룰은 퇴직 첫해 노후자산의 4%를 인출액으로 삼고 이듬해부터는 물가상승률을 감안하여 은퇴자금을 빼 쓰는 방식이다. 4% 룰을 기준으로 노후자금을 30년 이상 유지하려면 자산이 일정 부분 주식에 투자되어 있어야 한다. 주식에 투자하지 않을 경우엔 노후자산이 모두 소진되는 시점이 30년 이내로 단축되기 때문이다. 60세에 은퇴하고 5억 원의 은퇴자산에 4% 룰을 적용하면 85세가 되는 시점에 모든 자산이 소진된다는 계산이 나온다. 이때 4%가 아닌 3%로 계산하면 매월 생활비는 125만 원 정도로 감소하는 대신 93세까지는 버틸 수 있다. 그런데 만일 수명은 더 늘어나고 은퇴 시점의 자산이 2억 원이나 1억 원이라면 어떻게 될까? 생존 자체가 불가능해질 것이다.

지금처럼 기대수명이 계속 높아져 노후자금으로 30년이 아닌 그 이상의 시간을 살아야 한다면 방법은 세 가지다. 4% 룰을 더 낮게 수정하든지, 자산을 주식이나 펀드 등 수익률 높은 곳에 투자하든지, 아니면 은퇴 시점의 자산을 더 많이 준비해두는 것이다. 하지만 이 모든 계획은 기본적으로 4% 룰을 기반으로 하여 응용·수립되는 것이니 이 룰은 꼭 기억해둬야 한다.

그리고 은퇴하기 전에 반드시 그 이상의 금액을 만들어야 한다. 그 목표를 향해 매일 조금씩 다가가는 생활습관이 절실히 필요하다. 소비를 줄여 매일매일 작은 금액이라도 무시하지 말고 투자해야 한다는 뜻이다. 비싼 커피를 마시지 않고, 택시 대신 버스를 타고, 술 마시는 돈을 줄여 여유자금을 만들자.

당신이 전문가임을
깨달아라

8단계까지 실천하고 있다면 이미 여러분은 금융 전문가라 할 수 있다. 각종 매스컴이 퍼뜨리고 대부분의 사람들이 사로잡혀 있는, 금융에 대한 잘못된 편견에서도 이미 탈피해 있을 것이다. 이러한 여러분은 경제독립을 향한 여정에서 다른 이들보다 앞서가고 있을 것이라 나는 확신한다.

흔들리지 않는 투자철학을 가져라

신문이나 방송에서 흔히 보는 금융 전문가는 여러분보다 금융지식이 많지 않을 가능성이 농후하다. 여러분이 더 전문가일 가능성이 크다는 의미다. 어렵게 느껴지는 금융용어에 두려움을 가질 필요가 없다. 매일매일 주식시장을 예측하는 사람들은 전문가라 할수 없다. 어려운 단어들을 동원하면서 마켓 타이밍을 말하는 사람들이야말로 금융문맹일 가능성이 높다. 장기투자 대신 단기투자로 돈을 벌 수 있다고 주장하는 이들을 멀리해야 한다. 돈이 없어도 행복하다고 말하는 사람들로부터 위안을 받으면 안 되고, 돈을 써야 돈이 들어온다는 희한한 이론에 현혹되어서도 안 된다. 전염성 강한 금융문맹에 무너지지 않으려면 자신의 투자철학을 공고히 다지고 유지해야 한다.

경제독립 희망자들과 투자클럽을 만들어라

가능한 한 경제독립을 원하는 사람들과 어울려라. 주식투자클럽이 있으면 가입하거나, 마땅한 모임을 찾지 못했다면 뜻이 맞는 사람들과 주식투자클럽을 시작하는 것도 좋은 아이디어다. 카페에 모여 비싼 커피 마시면서 학원 정보를 교환하거나 소비를 부추기는 모임보다는 주식투자클럽으로 함께 경제독립을 향해 가는 모임이 훨씬 생산적이고 여러분의 삶을 풍요롭게 만든다.

미국에서는 주부들이 모여 주식을 공부하고 투자도 같이하는 경우를 흔히 볼 수 있고, 이런 주부들의 클럽이 기록하는 주식투자 수익률이 화제에 오르기도 한다. 주부들은 장바구니 경제에 대해선 그 누구보다 뛰어난 전문가일 뿐 아니라, 주부들끼리 힘을 합하면 훌륭한 주식 포트폴리오를 구성할 수 있다. 여러분도 못 할 이유가 없다. 아이들 투자클럽, 주부 투자클럽, 직장인 투자클럽 등이 많이 생겨나야 한다. 명품 구입이나 여행을 위한 계모임보다는 자산과 금융지식을 늘릴 수 있는 투자모임이 절실하고, 이것이 진정으로 부자가 되는 길이다.

금융 전문가를 믿지 마라. 여러분이 금융 전문가다

많은 사람들이 투자를 시작할 때 가장 먼저 찾는 것이 있다. 바로 '금융 전문가'의 조언이다.

증권사 애널리스트, 펀드매니저, 경제 방송 해설자…. 이들은 하루에도 수없이 시장 전망을 쏟아낸다. 내일 오를 종목, 곧 폭락할 산업, 지금 사야 할 주식. 그러나 묻고 싶다. 정말 그들의 말만 따라해서 부자가 된 사람이 있는가?

사실 금융 전문가라고 불리는 이들도 미래를 알 수 없다. 주가는 하루에도 오르고 내리기를 반복한다. 전문가들이 말하는 전망은 결국 책임지지 않는 추측일 뿐이다. 단기적으로는 누구도 시장을 이길 수 없다.

그러나 장기적으로 시장은 성장한다. 기업은 이윤을 추구하고, 경제는 발전하기 때문이다. 따라서 진정한 부자의 길은 전문가의 말에서가 아니라, 여러분 자신의 투자 원칙에서 시작된다.

나는 늘 이렇게 강조한다.

"여러분이 바로 금융 전문가다."

왜냐하면 스스로 공부하고, 좋은 기업을 발견해 꾸준히 투자한다면 그보다 더 확실한 전문성은 없기 때문이다. 남의 말에 의존하는 순간 흔들리지만, 스스로 세운 철학은 어떤 시장 상황에서도 여러분을 지켜준다.

투자는 지식을 쌓고 훈련할수록 점점 나아진다. 운동을 하면 체력이 붙듯, 금융지식을 쌓으면 돈이 여러분을 위해 더 열심히 일하기 시작한다.

항상 긍정적인 생각을 갖고
당장 시작해라

경제독립을 위한 투자를 시작하는 데 가장 좋은 시점은 언제일까? 이 책에서 누누이 말했지만 경제독립을 완성시켜 주는 것은 꾸준함이다. 커피 한 잔, 담배 한 갑, 여행 한 번, 아이의 학원비 등을 아낀 1만 원, 10만 원, 50만 원을 모아 형성하기 시작한 자산을 오랜 시간 동안 눈덩이처럼 굴려주는 복리의 마법 효과를 최대한 얻으려면 일찍 투자를 시작해서 오래 할수록 유리하다.

따라서 경제독립을 위한 투자를 시작하기에 가장 좋은 시점은 노후까지의 시간이 가장 많이 남았을 때다. 가장 유리한 사람은 갓 태어난 아이다. 돈이 일할 시간이 엄청나게 많이 남았기 때문이다. 물론 갓 태어난 아이의 투자는 부모가 시작해줘야 한다. 아이가 태어날 때는 물론 백일잔치나 돌잔치 때 받은 축하금, 명절의 세뱃돈, 어른들로부터의 용돈 등 아이들을 위해 주변에서 주는 돈은 생각보다 많다. 이 돈들만 꼬박꼬박 투자해도 아이가 성인이 될 때쯤이면 엄청난 자산이 되어 있을 것이다.

투자하기에 늦은 시점이란 없다

두 번째로 좋은 시점은 '지금'이다. 하루라도 미루는 사람들은 그만큼 돈이 일할 수 있는 시간을 줄어들게 만드는 셈이다. 오늘 시작하면 그 돈은 내일 시작하는 것보다 하루 더 일할 수 있고, 내년에 시작하는 것보다 1년 더 일할 수 있다.

내가 30~40년 후에 일어나는 복리의 마법을 이야기하면 연세가 드신 분들은 한숨을 쉬며 하소연하신다. 60세가 코앞이거나 이미 은퇴를 했으니 노후준비를 하기에는 너무 늦은 것이 아니냐며 말이다. 그런 분들께 나는 그렇지 않다고 대답해드린다. 물론 젊었을 때부터 시작한 것보다야 늦지만, 지금이라도 시작하지 않으면 나중에 분명 후회하게 되기 때문이다.

인간의 수명은 이미 과거보다 많이 길어졌고 앞으로도 그러할 것이다. 바꿔 말하면 예전보다는 돈이 일할 수 있는 시간이 훨씬 늘어났다는 뜻이다. 예전에는 70~80세까지 사는 것이 드문 일이었고 60세까지 산 것만 해도 축하할 만한 일이었기에 환갑잔치를 크게 열었다. 1950년대에 남자 37세, 여자 47세였던 한국인 평균수 명은 2018년에 남자 79세, 여자 85세였고 지금도 늘어나고 있다. 주위를 둘러보면 실제로 90세 이상 사는 사람들이 많기에 '100세 시대'라는 말이 허황된 것은 아님을 새삼 느끼게 된다. 물론 인구 구조의 변화에 따라 국가의 복지정책도 달라지겠지만, 국가의 지원 정책은 그야말로 최소한의 생계유지를 위한 범위를 벗어나지 않는 다. 행복한 노후는 온전히 자기 자신에게 달려 있다는 생각으로 노 후를 준비해야 하는 이유다.

지금 투자되는 돈은 당신이 지금 50세라면 앞으로 50년을, 60세 라면 40년을 일할 수 있다. 설사 현재 80세, 혹은 90세라 해도 10년, 20년은 돈이 일하게 하는 효과를 누릴 수 있으므로 현재의 나이는 크게 중요하지 않다. 또 투자는 교통비를 아낀 1,000원으 로도 시작할 수 있기에 현재의 수입이 얼마인지 역시 중요한 요인 이 못 된다. 그러니 당장 투자를 시작하고, 라이프스타일을 바꾸 며, 온 가족이 경제독립에 참여해야 한다.

긍정 마인드로 오늘부터 행복한 자본가가 돼라!

부자들은 대개 긍정적인 생각으로 가득한 사람들이다. 그래서 그들은 주식의 보유기간도 길다. 주식을 사는 것은 증권을 사는 것이 아니라 회사를 사는 것이라는 생각이 확고하기 때문이다. 주주가 되면 자신이 보유한 주식이 날마다 행복을 가져다준다. 그 회사가 이익을 내고 직원들이 열심히 일하는 것을 보는 것만으로도 마음이 뿌듯한 것이다.

주식을 사는 일은 무척 흥분되는 일이다. 특히 남들이 잘 모르는 좋은 주식을 앞서 발견할 때 느끼는 희열은 이루 말할 수 없다. 이러한 기쁨을 아는 사람은 돈을 쉽게 낭비하지 못하고, 단기간의 주식 등락에도 관심을 두지 않는다. 주식가격은 변하지만 좋은 기업은 계속 발전한다. 경영진과 직원들을 신뢰하고 자본주의를 믿어라.

경제적 독립을 위한 액션 플랜

첫째, 라이프스타일을 바꿔라.

자녀들의 사교육비를 줄이거나 과감히 없애야 한다. 그것이 아이들의 미래를 망치는 것처럼 보일 수 있다. 그러나 진짜 미래를 바꾸는 힘은 사교육비가 아니라 금융교육에서 나온다. 아이들과 함께 투자에 대해 배우는 시간이야말로 훨씬 값진 자산이다.

둘째, 소비를 줄이고 투자를 시작하라.

습관처럼 흘러가는 소비를 투자로 바꿔야 한다. 중요한 것은 금액이 아니다. 오늘 당장 시작하는 것이다.

셋째, 나 자신에게 세금을 먼저 내라.

수입이 생기면 먼저 소비하지 말고, 최소한 10% 이상을 떼어내어 나의 노후와 경제적 자유를 위해 투자해야 한다. 연금저축계좌를 개설하고 꾸준히 불려가는 습관을 가져야 한다.

넷째, 부자처럼 보이는 삶이 아니라 진짜 부자가 되는 삶을 선택하라.

비싼 옷, 화려한 자동차, 고급 식사…. 이것은 모두 '부자처럼 보이기 위한 비용'일 뿐이다. 그 유혹에 넘어갈수록 가난해진다. 보여주기 위한 소비 대신, 미래를 위한 투자가 필요하다.

다섯째, 주식을 꾸준히 모아라.

주식은 사고파는 대상이 아니다. 좋은 기업을 소유한다는 마음으로 차곡차곡 늘려야 한다. 시간이 쌓이면 그 주식이 여러분을 위해 일한다.

여섯째, 자녀와 함께 금융을 공부하라.

아이들과 함께 금융을 이야기하는 순간, 그 집은 이미 경제적 독립의 길에 들어선 것이다. 아이들에게 물려줄 최고의 유산은 공부 잘하는 습관이 아니라, 돈이 일하는 법을 아는 지혜다.

경제적 독립은 어느 날 갑자기 오지 않는다. 작은 습관의 변화, 그리고 지금 당장의 실천에서 시작된다.

오늘이 바로 그 첫날이 될 수 있다.

주식투자 10계명

제1계명. 주식은 사고파는 것이 아니다.

주식은 기업의 일부를 소유하는 것이라는 사실을 잊지 말라. 단기 매매가 아니라 장기 보유가 진짜 투자다.

제2계명. 시장을 예측하려 하지 말라.

내일 주가가 오를지 내릴지 아무도 모른다. 장기적으로 시장은 성장한다는 믿음을 가져라.

제3계명. 소비보다 먼저 나 자신에게 세금을 내라.

수입의 10% 이상은 반드시 먼저 떼어내어 투자하라. 그것이 미래의 자유를 지켜준다.

제4계명. 수수료에 민감하라.

펀드나 금융상품의 높은 수수료는 눈에 보이지 않는 도둑이다. 비용에 민감해야 한다.

제5계명. 빚으로 투자하지 말라.

투자는 여유자금으로만 하라. 빚은 불안과 조급함을 키우고 결국 잘못된 결정을 불러온다.

제6계명. 기업의 주인이 된다는 마음을 가져라.

주식은 종이 한 장이 아니라, 실제로 일하고 있는 회사의 일부다. 주인의 눈으로 기업을 바라보라.

제7계명. 외국자본을 두려워하지 말라.

자본은 국적이 없다. 열린 태도와 투명한 제도가 더 큰 부를 불러온다.

제8계명. 금융문맹에서 벗어나라.

돈은 일하는 법을 아는 사람에게만 복리의 힘을 준다. 금융공부는 선택이 아니라 필수다.

제9계명. 자녀와 함께 투자하라.

사교육 대신 금융교육을 해야 한다. 아이들과 함께 투자하는 습관이 최고의 유산이다.

제10계명. 조급해하지 말라.

부자가 되는 길은 단거리가 아니다. 장기적으로 꾸준히, 흔들림 없이 가는 사람이 결국 승자가 된다.

금융건강 체크리스트

(1) 기본 생활습관

- [ ] 매달 지출 내역을 기록하거나 가계부를 작성하고 있다.
- [ ] 월급이 들어오면 먼저 투자를 하고 나머지로 소비한다.
- [ ] 불필요한 소비를 줄이고, 장기적인 목표를 위한 소비습관을 지니고 있다.

(2) 투자습관

- [ ] 주식계좌·펀드계좌를 개설하고 정기적으로 자동이체를 설정했다.
- [ ] 장기투자(10년 이상) 계획을 세우고 있다.
- [ ] 주식투자 시 기업의 재무제표와 펀더멘털을 확인한다.
- [ ] ETF, 연금저축, 퇴직연금 등 다양한 장기투자 수단을 활용한다.

(3) 금융지식

- [ ] PER, PBR, ROE 등 기본 투자 지표의 의미를 알고 있다.
- [ ] 기업공시(DART), 증권사 리포트 등을 참고할 줄 안다.

(4) 리스크 관리

- [ ] 필요한 최소한의 보험만 가입하고 있다.
- [ ] 빚(부채)의 규모와 이자율을 정확히 파악하고 있다.
- [ ] 고금리 부채(카드론, 현금서비스 등)는 없다.

(5) 노후·미래준비

- [ ] 연금저축·IRP에 꾸준히 납입하고 있다.
- [ ] 국민연금 예상 수령액을 확인한 적이 있다.
- [ ] 노후 생활비 목표를 세우고 준비 중이다.
- [ ] 사교육을 끊고 금융교육에 우선순위를 두고 있다.

지하철이나 버스 안에 있을 때 사람들을 관찰하는 습관이 생겼다. 매일매일 살면서 스쳐 가는 이 사람들의 노후준비는 어떻게 되어 있을까? 한 사람 한 사람의 노후준비가 개개인의 행복, 더 나아가 한 국가의 미래를 결정짓는다.

젊은 여성들이 돈을 모아 명품을 사고 싶어 하고, 젊은 남성들이 남들한테 잘 보이고 싶어서 소득에 비해 너무나 많은 돈을 지불해 외제 차를 구입하려 하는 현상.

자녀들을 좋은 학교에 보내야 한다는 강박관념에 자신들의 노후 자금을 자신들이 아닌 학원을 부자로 만드는 많은 평범한 부모들.

자본주의 사회임에도 학교에서는 돈에 대해 가르치지 않고, 점수 경쟁에만 매달리는 교육 현실에 대해 아무런 문제의식이 없는 사회 시스템. 수년 동안 한국의 자살률이 부동의 1위인 것에 대한 사회의 무관심.

돈에 대한 무지는 우리의 행복을 가로막고 있다.

90%의 국민들이 겪고 있는 금융문맹으로 인해 매일매일 가난해지는 길로 가는 사람들에게도 희망이 있다는 것을 반드시 알려야 한다는 마음에서 이 책을 출판하게 되었다.

갑자기 부자가 되는 것은 불가능에 가깝지만 시간에 투자한다면 부자는 누구나 될 수 있다. 부자 되는 라이프를 반드시 당장 시작해야 한다.

다만, 부자가 되는 것은 시간이 필요하다. 미리미리 해야 한다. 5년, 10년 후의 여러분을 상상해보라. 10년 후에 경제적으로 여유로운 당신이 되기를 진심으로 축하하고 염원한다.

존리의
부자되기 습관 개정증보판

지은이 | 존리

1판 3쇄 발행 | 2026년 3월 27일

펴낸이 | 정병철
펴낸곳 | (주)이든하우스출판

출판등록 | 2021년 5월 7일 제2021-000134호
주소 | 서울특별시 마포구 양화로 133 서교타워 1201호
전화 | 02) 323-1410
팩스 | 02) 6499-1411
메일 | eden@knomad.co.kr

ⓒ 존리 2026

ISBN 979-11-94353-44-7　03320

(주)이든하우스출판은 여러분의 소중한 원고를 기다립니다.
책에 대한 아이디어와 원고가 있다면 eden@knomad.co.kr로 보내주세요.

YOU
CAN
DO
IT!

존리의 부자학교
Mission Statement

"존리의 부자학교는 모든 사람이 금융문맹에서 벗어나
스스로의 미래를 설계할 수 있도록 돕습니다.
우리는 돈을 위해 일하는 삶이 아닌,
돈이 나를 위해 일하게 하는 '투자의 중요성'을 가르칩니다.
정기적으로 꾸준한 투자
그리고 올바른 금융습관을 통해
모든 사람들이 경제적 자유와
행복한 노후를 준비하도록 이끄는 것이
우리의 사명입니다."

존리의 부자학교
홈페이지 바로가기

존리의 부자학교
유튜브 바로가기

존리의 머니스쿨
바로가기

존리의 뉴스레터
바로가기

존리 와 함께하는 금융경제강연 특강
존리의 부자학교

예천군민 모두가 부자 되는 길!
온 가족 경제
일시: 2025. 12. 26(14:00) | 장소: 예천군문화회관 | 주최
존리의 부자학교

RICH
POOR
RICH VS. POOR

존리의 부자학교
FINANCIAL FITNESS CENTER
금융교육센터
존리의 부자학교